Wilhelm von Christ

Führer durch das K. Antiquarium in München

Wilhelm von Christ

Führer durch das K. Antiquarium in München

ISBN/EAN: 9783744616539

Hergestellt in Europa, USA, Kanada, Australien, Japan

Cover: Foto ©ninafisch / pixelio.de

Weitere Bücher finden Sie auf **www.hansebooks.com**

Führer

durch das

K. Antiquarium in München

von

W. CHRIST und J. LAUTH.

MÜNCHEN

In Commission bei G. Franz.

1870.

Die Sammlungen des k. Antiquariums, die seit dem Jahre 1869 in einem Theil der Räume des Kunstausstellungsgebäudes gegenüber der Glyptothek aufgestellt sind, umfassen die kleineren Kunstwerke des griechisch-römischen und ägyptischen Alterthums, welche ehedem theils in dem alten Antiquarium in der königlichen Residenz aufgestellt waren, theils einen Theil der sogenannten Vereinigten Sammlungen König **Ludwigs I.** in dem Galleriegebäude bildeten. Der Grundstock der Antiken des alten Antiquariums bestand in den Ankäufen des Herzogs Albrecht V., die der kunstsinnige Fürst in Venedig, Rom und in anderen Städten Italiens durch den geschickten Architekten Strada und den gewissenlosen Unterhändler Stoppio hatte machen lassen (s. Christ's Beiträge zur Geschichte der Antikensammlungen Münchens). Manche derselben befinden sich noch in der königlichen Residenz, da ihre Aufstellung in so enge Verbindung mit der architektonischen Anlage des Baues gebracht worden war, dass ihre Entfernung ohne Zerstörung jenes prachtvollen Denkmals des Renaissancestyls nicht möglich schien. Eine namhafte Bereicherung erhielt später das Antiquarium durch die ausgezeichneten Bronzestatuetten, welche **Churfürst Karl Theodor** im vorigen Jahrhundert auf seinen Reisen in Italien erworben hatte und später von Mannheim nach München überführen liess. Nicht minder bedeutend waren die gleichfalls im vorigen Jahrhundert gemachten Erwerbungen des **Grafen von Thun**, welche nach Auflösung des Hochstiftes Passau im Jahre 1813 nach München gebracht wurden. Die Grundlage zum ägyptischen Museum ward in den Jahren 1820 und 1826 durch den Ankauf der für jene Zeit bedeutenden Sammlungen von **Sieber** und **Michel** gelegt. Einen sehr erheblichen Theil des alten Antiquariums bildeten ferner die auf vaterländischem Boden aufgefundenen und seit Anfang dieses Jahrhunderts in München vereinigten Gedenksteine und Fabrikate aus Thon und Metall. Dieselben sind in dem Jahre 1867 an das Nationalmuseum abgegeben worden, wo sie jetzt die älteste Periode der Gewerbs- und Kunstthätigkeit in Bayern repräsentiren.

Reichlichen Ersatz für diesen Abgang erhielt das Antiquarium bei seiner Uebersiedelung in die neuen Räume durch die ausgewählten Schätze an antiken Terrakotten, bronzenen und goldenen Schmuckgegenständen, die aus dem Privatbesitze **König Ludwigs I.** stammten und ehedem im Galleriegebäude bei dem Hofgarten aufgestellt waren. Dieselben sind zwar auch jetzt noch specielles Eigenthum der königlichen Familie und als solches durch besondere Etiketten von blauer Farbe ausgezeichnet, verleihen aber durch ihre Aufstellung neben den älteren Stücken des Staatsmuseums der ganzen Sammlung und namentlich der Abtheilung der Terrakotten ihren hohen Werth und ihre hervorragende Bedeutung. Der grösste und vorzüglichste Bestandtheil der königlichen Antiken stammt aus den Sammlungen des feinsinnigen schwedischen Bildhauers Fogelberg und des berühmten brittischen Reisenden Dodwell. Fogelberg hatte in Rom eine auserwählte Sammlung von Rundfiguren, Lampen und Friesplatten aus gebrannter Erde zusammengebracht, die jetzt im 3. und 4. Saale aufgestellt sind; Dodwell's theils in Italien, theils in Griechenland und Aegypten gemachte Sammlung war besonders reich an Bronzen und Gläsern; einige Stücke aus dem etrurischen Funde von Perugia hatte König Ludwig bereits im Jahre 1820 (s. darüber Urlichs Die Glyptothek S. 77) bei Lebzeiten Dodwells erworben, der weitaus grössere Theil gelangte erst nach dem Tode des erfahrenen Sammlers nach München.*) Ausserdem bereicherte der kunstliebende König sein Museum durch Ankäufe der Sammlungen der ehemaligen Königin von Neapel, der Gräfin Lipona, und des Principe di Canino; die letztere umfasste fast ausschliesslich goldene Schmuckgegenstände, welche der Fürst auf seinen etrurischen Besitzungen hatte ausgraben lassen; die erstere war aus Ausgrabungen in Unteritalien und aus Funden in Pompeji zusammengebracht worden. Auch andere kleinere Erwerbungen machte der König von Haller, Zahn, Ferlini und verschiedenen römischen Kunst-

---

*) Ein Verzeichniss darüber enthält das Büchelchen Notice sur le musée Dodwell; jedoch sind nicht alle dort verzeichneten Stücke in dem Antiquarium wiederzufinden.

händlern; minder bedeutende und obendrein zum grössten Theil gefälschte Stücke gelangten durch den Ankauf der Rosenegger'schen Sammlung, aus den Ausgrabungen auf dem Birgelstein in Salzburg in das Museum; hingegen erhielt dasselbe noch einen weniger nach der Zahl als nach dem Werthe bedeutenden Zuwachs durch die Terrakotten und Marmorfragmente, welche der König selbst auf seiner Reise durch Griechenland gesammelt hatte. Endlich kam zu den ächten Antiken noch eine Anzahl höchst kunstvoll ausgeführter Modelle in Kork, welche vom Baurath G. May im Auftrage des Königs angefertigt wurden.

Erster Saal.

Der erste Saal enthält ausser der phelloplastischen Nachbildung des berühmten, im dorischen Styl aufgeführten Poseidontempels von Pästum und einigen kleineren Kunstwerken von Marmor fast nur griechisch-römische Bronzen. Den grössten und vorzüglichsten Theil derselben bilden die Statuetten von antiken Göttern und Heroen, die theils als kleine Nachbildungen grosser und berühmter Kunstwerke zum Schmuck des Hauses von Freunden der Kunst erworben, theils in kleinen Sacellen an Stelle der grossen Tempelbilder aufgestellt waren. Während aus der ersten Classe uns kostbare Denkmale des hellenischen Genius erhalten sind, zählen zu der letzteren viele unbedeutende, zum Theil geradezu barbarische Stücke, welche als sigilla etrusca über das ganze römische Reich verbreitet waren; einige derselben sind hier zu Land in der von den Römern beherrschten Provinz Rätien aufgefunden wurden. Die vorzüglichsten Werke dieses ersten Saales sind in und auf den beiden Doppelpulten in der Mitte des Saales und auf den Consolen zu Seiten der beiden Thüren aufgestellt; die minder bedeutenden und unächten Statuetten, sowie die bronzenen Geräthe befinden sich in den Schränken an den beiden Langwänden; auf den letzteren stehen oben zum räumlichen Schmuck die modernen Copien römischer Kaiserbüsten, nämlich des Titus, Verus, Antoninus Pius, Caracalla auf der rechten, und eines unbekannten Römers, des Hadrian und Augustus auf der linken Seite.

Erstes Pult.

Statuette des Poseidon (Nr. 318, publicirt von C. von Lützow Münchener Antiken Nr. 26), die vorzüglichste Bronze der ganzen Sammlung, ebenso ausgezeichnet durch die würdevolle und doch freundliche Haltung im Ganzen, wie die sorgfältige Durchführung des Einzelnen in der Muskulatur und in den Haaren. Der Gott ist nackt in aufrechter Stellung dargestellt, ähnlich wie ihn der Künstler nach uns erhaltenen Münzen (abgebildet bei Müller-Wieseler Denkmäler der alten Kunst II, 72 a) in dem von Julius Cäsar wiederhergestellten Korinth gebildet hatte; demnach hielt er ehemals in der erhobenen Linken einen Dreizack und in der vorgestreckten Rechten einen Delphin. Der herrschenden Meinung, dass unsere Bronze einen Zeus vorstelle, widerspricht der freundlich-milde Gesichtsausdruck, der nichts von der erhabenen Majestät des Herrschers der Götter verräth, und die Haltung der rechten Hand, die sich unmöglich zur Aufnahme einer Opferschale, wie C. v. Lützow meinte, eignete. Die Stellen der Brustwarzen sind jetzt hohl, was davon zeugt, dass die Warzen ursprünglich von Edelsteinen eingesetzt waren.

Statuette des Hercules (319, publicirt von Lützow Münch. Ant. Nr. 39). In guter Arbeit ist hier der Heros nackt ohne jegliche Bekleidung, unbärtig in jugendlicher Kraft dargestellt; die schlanke Haltung, die besonders gegenüber der im 4. Saale befindlichen Bronzecopie des farnesischen Hercules hervortritt, lässt etwas von den Lysippischen Proportionen erkennen; im übrigen gemahnt namentlich die Kürze und Gedrungenheit des Halses und Nackens an den gewaltigen Vollbringer der zwölf Arbeiten. Der Künstler fasste den Halbgott in zufriedener Ruhe nach dem siegreichen Kampfe mit dem hundertköpfigen Drachen Ladon, dem Wächter der Hesperidenäpfel, auf; daher umschlingt das krause Haar seines Hauptes ein silberner Siegesreif, und hält er in der L. die Frucht seines Kampfes, die Hesperidenäpfel, und in der R. die nach dem Siege abwärts gewandte, vorn abgebrochene Keule. Der l. Arm sammt den Aepfeln ist freilich erst von moderner Hand ergänzt, jedoch lassen über die Richtigkeit der Ergänzung die ähnlichen Bronzestatuetten des Hercules, vornehmlich die ganz gleiche in dem Museum des Louvre zu Paris keinen Zweifel zu; die jetzt hohlen Augensterne waren auch hier ursprünglich von Edelsteinen eingesetzt.

Silberbecher (320, publ. von Thiersch in den Abhandl. d. bayr. Akad. 1. Cl. V. Bd.; vgl. Friederichs Bausteine Nr. 497). Dieses vorzügliche Kunstwerk gehörte wahrscheinlich einem römischen Grossen, der es unter seinem Tafelgeschirr aus Rom mit nach der Provinz genommen hatte. Im Jahre 1848 tauchte es bei einem Glockengiesser in Ingolstadt auf, der den Werth desselben nicht ahnte und es zum Zerschlagen und Einschmelzen seinem Lehrling übergab; erst beim Zerschlagen entdeckte dieser das edle Metall und die Schönheit der Figuren, und so kam die Vase in das Antiquarium, aber durch die Hammerschläge war sie bereits so verletzt, dass sie an vielen Stellen unterlegt werden musste. Die äussere, mit Reliefs gezierte Schale des Gefässes ist getrieben und cisellirt, die innere in dieselbe eingesetzt und mit ihr durch Umbiegen des oberen Randes verbunden; mehrere erhabenere Stellen der Körper waren durch aufgenietete Blättchen ausgedrückt, die jetzt herabgefallen sind. Das Relief hat in ächt hellenischem Geiste seine ursprüngliche Bedeutung als blosse Flächenverzierung gewahrt und unterscheidet sich so schon von dieser Seite auf das vortheilhafteste von dem Figurenschmuck des bekannten Hildesheimer Silbergeschirrs. Die Darstellung selbst führt in geistvoller Weise eine Scene aus der Einnahme Ilions vor. Der jugendliche, nur mit einer über die l. Schulter geworfenen Chlamys bekleidete Sieger hält Gericht über die wenigen Trojaner, welche den Fall der Stadt überlebt haben; ein mit wallendem Helm bewaffneter griechischer Soldat hat einen niedergeworfenen Trojaner beim Schopf gefasst und erwartet den befehlenden Wink des Königs zur Ausführung des tödtlichen Streiches. Pallas Athene, die Beschützerin der Achäer, schaut in zurücktretender, den Menschen nicht bemerklicher Stellung, welche durch das ganz flache Relief angedeutet ist, dem Blutgericht über ihre Feinde zu. Rückwärts vom König werden andere Trojaner von griechischen Soldaten zum Richtplatz escortirt, einer jener Trabanten trägt einen Schild, dessen äusseres Rund mit der sogenannten Pasquinogruppe, dem von Menelaos aufgehobenen Leichnam des Patroklos, geziert ist. Auf der anderen Seite ist das Zelt der gefangenen trojanischen Frauen dargestellt, in dem der auf dem Boden liegende kleine Astyanax und die vor ihm niedergelassene, trauernd in den Mantel gehüllte Andromache den Mittelpunkt bilden. Vor dem Zelte lagert eine weitere Gruppe von Frauen, darunter eine in wilder Verzweiflung mit aufgestützten Ellenbogen dasitzende, in der wir wohl mit Thiersch die zum Sühnopfer des Achilles bestimmte Königstochter Polyxena erkennen dürfen. Dem Zelte naht ein Grieche mit dem langen Scepter der Heroenzeit, den wir nach den Troades des Euripides Odysseus benennen können, um den Astyanax und die Polyxena zum grausen Tode abzuholen; ein aufgerichtetes Tropaion daneben deutet auf die dem ganzen Bilde zu Grunde liegende Situation, auf den errungenen Sieg der Achäer über die Trojaner, hin.

Statuette der Pallas Athene (321, publ. von Lützow Münch. Ant. Nr. 10) im strengen Styl, der in der Tracht des auf den Rücken fallenden, unten scharf abgeschnittenen Haares eine gewisse Alterthümlichkeit affectirt. Die Göttin mit Chiton und Mantel bekleidet trägt auf der Brust eine weite, mit dem Gorgoneion geschmückte Aegis und auf dem Kopf einen lässig zurückgeschobenen Visirhelm; die L. hat sie mit selbstbewusster Kraft in die Seite gestemmt, in der vorgestreckten, jetzt vorn abgebrochenen R. hielt sie wahrscheinlich eine Lanze. Die ganze Haltung scheint darauf hinzuweisen, dass der Künstler unsere Göttin als Athene agoraia darstellen wollte, wie sie nach rechts gewandt in der Stellung eines Redners die Versammelten aneifert.

Statuette der sandalenlösenden Venus (322, publ. von Lützow Münch. Ant. Nr. 4), reizende Darstellung einer nackten Venus, aufgefasst in dem Moment, wo sie sich mit der r. Hand die Sandale von dem heraufgezogenen l. Fusse löst, während sie mit dem graziös emporgehobenen l. Arm das Gleichgewicht zu erhalten sucht. Während auf anderen Repliken die Göttin mit Armbändern geschmückt ist und durch eine Stütze unter dem l. Arm gehalten wird, glänzt sie hier nur durch die Anmuth ihrer Gestalt und den Liebreiz der Bewegung. Ein ähnliches Motiv zeigt uns eine Bronzemünze der Stadt Aphrodisias in Karien, wo in dem zweiten Jahrhundert der römischen Kaiserzeit eine gefeierte Künstlerschule blühte.

In dem Pulte liegen mehrere antike Reliefs und Inschriftenplatten von Bronze und zwar in

Abtheilung 1 eine mit dem Relief zweier frauenraubender Kentauren geschmückte Seitenplatte eines Schmuckkästchens (358, Copie nach Caylus Recueil d'antiquités t. IV pl. 86), ein mit einer Satyrmaske geschmücktes Stück eines Geräthes (344), Relief der Leukothea (338, publicirt von Ritschl Ino-Leukothea) auf einer viereckigen massiven Platte, in dem Momente aufgefasst, wo sie auf einem Meerwidder reitend den rettenden Schleier einem Schiffbrüchigen hinhält; das schöne Werk scheint jedoch in dieser Form nicht aus dem Alterthum zu stammen, sondern höchstens der Abguss einer Antike zu sein.

In der 2. Abtheilung liegen mehrere Siegelkapseln, deren unterer Theil durchlöchert ist und deren oberer in einem das Siegel schützenden ornamentirten Deckel besteht; ferner das Fragment einer dünnen Silberplatte (359), worauf in getriebener Arbeit ein thyrsustragender Dionysos und eine mit Steuerruder Füllhorn und Modius ausgezeichnete Fortuna, beide in kleinen Tempelchen stehend, dargestellt sind; zwei schöne elfenbeinerne Relieffiguren auf einer modernen Schieferplatte (357), die eine derselben stellt einen beflügelten Amor dar, der sich schalkhaft einen Spiegel vor das Gesicht hält, die andere eine beflügelte vorwärtsschreitende Göttin, welche mit der L. ein Füllhorn trägt und in der abgebrochenen R. einen langen Scepter hielt; in beiden jetzt theilweise verwitterten Figuren finden sich viele Löcher, die zum Aufnieten derselben auf irgend einer Fläche dienten. In derselben Abtheilung liegen noch ein Plättchen mit einem beflügelten, auf einer Muschel sitzenden Amor (339), eine Herculesmaske (343), eine Medusenmaske (341) und ein Apollokopf (342).

Abtheilung 3 enthält ausser einer in einem attischen Grab gefundenen Bleitafel (370), worauf eine Verfluchungsinschrift eingeritzt ist (mit ähnlichen Verfluchungsinschriften neuerdings zusammengestellt von C. Wachsmuth Rhein. Mus. XVIII, 561), eine Anzahl römischer Stempel von Bronze; die meisten derselben haben oben einen ringartigen Griff, und auf einigen dieser Griffe ist noch ein kleineres Siegel in Buchstaben oder Figuren angebracht. Auch in der 4. Abtheilung liegen verschiedene griechische und lateinische Inschrifttafeln; die denkwürdigste ist eine ehedem an den vier Ecken mit Nägeln an den geweihten Gegenstand befestigte Platte (363) mit einer in altlateinischer Sprache verfassten Weihinschrift der Aedilen Mindios und Condetios, die dem Apoll den zwanzigsten Theil irgend einer Erwerbung geweiht hatten (siehe C. I. L. I, 187). Von hohem Interesse ist ferner das Militärdiplom von Weissenburg in Mittelfranken (369), worin vom Kaiser Trajan einem Boier Mogetissa, der in den hiesigen Gegenden als Reiter der ala Hispanorum Auriana gedient hatte, mit dem ehrenvollen Abschied das Recht der römischen Civität zugesprochen wird; das besondere Interesse unseres Diploms knüpft sich an die vorzügliche Erhaltung desselben, indem ausser den beiden Platten (duplae tabulae), worauf die Urkunde eingegraben war, auch noch der dreifache Bronzedraht, welcher die Platten zusammenhielt und worauf die sieben Siegel gedrückt waren, sowie die zum Schutze der Siegel ringsum angebrachten Bronzeblättchen erhalten sind (publ. von Christ in den Sitzungsber. d. bayr. Akad. v. J. 1868).

Zweites Pult.

Statuette der Minerva (323), von guter Arbeit. Die Göttin ist mit Aermelchiton und Mantel bekleidet, trägt auf der Brust die Aegis und auf dem unverhältnissmässig kleinen Kopf den mit einer Sphinx gekrönten Helm; in der l. Hand scheint sie ehedem eine zur Seite gekehrte Lanze gehalten zu haben, der r. vorgestreckte Arm ist an der Handwurzel abgebrochen.

Einhenkeliger Silberkrug (325), von ausgezeichneter, getriebener Arbeit; auf dem Bauche des Gefässes ist der Kampf der Lapithen und Kentauren in einer rauhen felsigen Gegend dargestellt; in der Mitte steht auf einer mit Guirlanden umwundenen Säule der Gott des Kampfes, Ares, in voller Rüstung mit Helm, Speer und Schild; auf der r. Seite hat ein Lapithe einen Kentauren von vorn gefasst, indem er mit erhobenem Schild den Streich des Gegners parirt und ihm mit der R. das Schwert in den Nacken stösst; auf der anderen Seite hat der Lapithe den Kentauren von rückwärts niedergeworfen und trifft ihn von oben mit dem Schwert, während er auf seinen Rücken das l. Knie gestemmt hat (das letztere Motiv hat der Cälator einer Metope des Parthenon entlehnt); den Hals der Vase zieren zwei mit einer Tänie in der Mitte zusammengebundene Epheuranken; der Henkel, der der Statue des Mars gerade gegenüber steht, setzt an eine spitzbärtige Satyrmaske an und wird durch die beiden Hörner des Satyrs gebildet. So schliesst sich die ganze Darstellung an den Gebrauch des Kruges bei den festlichen Gelagen des Weingottes an; denn auch der Kampf der Lapithen und Kentauren erinnert an das Horazische: Centaurea cum Lapithis rixa super mero debellata; die strenge Symmetrie in der Anordnung erfreut unser Schönheitsgefühl, ohne den Eindruck des Gesuchten und der trockenen Einförmigkeit zu hinterlassen.

Vorzüglicher Kopf eines lorbeerbekränzten römischen Imperators (324), vielleicht des Julius Cäsar, mit ergänzter moderner Büste.

Zeusähnliche Büste (326) auf einen modernen Adler aufgesetzt.

Statuette eines bekränzten Genius (327), mit Schale und Füllhorn aus römischer Kaiserzeit, gefunden in Kösching bei Ingolstadt.

In dem Pulte liegen in den beiden Abtheilungen der einen Seite (5 und 6) verschiedene kleinere Bronzen, von denen hervorgehoben zu werden verdienen: Gruppe einer doppelbeflügelten Harpyie und eines von ihr in den Händen davongetragenen Kindes (405), eine auf einem Ruhebett liegende Priesterin mit der Schale in der R. und über den Hinterkopf gezogenem Schleier (438), eine aus einem Blumenkelch emporwachsende bekränzte Frauenbüste (445), ein auf allen Vieren kriechender Papposilen (443), Bruchstück eines Gefässes mit dem Bilde einer Eris (452), die mit einem Schwerte bewaffnet eiligen Laufes dahinstürmt, Hafte (451) mit dem Relief einer weiblichen und männlichen Maske, kleines dreiseitiges Fussgestell eines Candelabers aus Athen (465), dessen eine Seite ein Helm, die zweite eine Eule, die dritte ein die Erd- und Himmelskugel tragender schlangenfüssiger Atlante(?*) schmückt.

In den beiden Abtheilungen der anderen Seite des Pultes (7 u. 8) liegen etrurische Spiegel von Bronze und zwei Kapseln zum Einlegen

---

*) So gedeutet von Letronne in den Ann. dell' Instit. di corr. arch. 1830 p. 161 ff.; einen segelspannenden Tritonen findet Wieseler Denkm. II, 22, 242 g.

runder Spiegelscheiben. Die meisten der Spiegel bestehen aus einem runden, leicht gewölbten Schild und einem vierkantigen, unten meist in einen Rehkopf auslaufenden Stiel; nur wenige haben statt des bronzenen Griffes einen kurzen Ansatz, in den ein Stiel von Holz oder Bein gesteckt oder eingelassen wurde. Spiegel von Bronze waren in Ermangelung der gläsernen im ganzen Alterthum bei den Griechen und Italikern in Gebrauch; aber besonders zahlreich werden sie in dem Boden des alten Etruriens aufgefunden, auch weisen die Motive der Zeichnungen und die beigefügte Schrift grösstentheils auf etrurischen Ursprung hin. Zum Beschauen diente die convexe, glänzend polirte Fläche der Scheibe; die äussere Seite haben die Künstler, um keinen Raum schmucklos zu lassen, an den werthvolleren Exemplaren mit eingeritzten Zeichnungen innerhalb eines Kranzes von Epheu-, Lorbeer- oder Olivenblättern geziert; so sieht man auf 426 eine von ihren Freundinen umgebene, auf ähnlichen Inschriftsspiegeln Malache benannte Frau, der eine Dienerin einen Kopfputz aufsetzt (publ. von Gerhard Etrurische Spiegel t. 383; ebendaselbst unter t. 78 u. 414 unsere Nr. 432 u. 429), auf 428 einen zudringlichen bärtigen Satyr, den die bekleidete Frau mit einem Zweige neckt, indem sie sich im Davoneilen umdreht, auf 429 den pantomimischen Tanz eines Mannes und einer Frau, auf 430 Hercules Juno (?) und Minerva, auf 431 zwei männliche und zwei weibliche Gottheiten vor einem von jonischen Säulen getragenen Tempel, auf 432 einen leierspielenden Apoll mit zwei weiblichen, nicht sicher gekennzeichneten Gottheiten, auf 433 Menelaus Helena Paris und einen zweiten Phrygier, auf 434 drei gewöhnlich als die drei Kabiren erklärte Jünglinge mit phrygischer Mütze, auf 435 zwei sich gegenüberstehende, durch den Schifferhut als die beiden Dioskuren, Kastor und Pollux, bezeichnete Jünglinge.

Consolen zu beiden Seiten der Thüren.

Zur Rechten der Ausgangsthür liegen auf einer Console mehrere Fragmente von grösseren Kunstwerken aus Bronze, darunter ein colossaler Vorderfuss (317), ein Löwenfuss (316) und ein weiblicher Arm (314) mit ausgestrecktem Zeigefinger von sehr guter Arbeit. Den Hauptanziehungspunkt aber bildet die

Bronzefigur des Myronischen Discobol (315, besprochen von Welcker Alte Denkmäler I, 417 ff.). Das lebensgrosse Original von Myron ist uns von Lucian, der es noch auf dem Marktplatz von Athen aufgestellt fand, in anschaulichster Weise geschildert; von dem bewunderten Werke sind aus dem Alterthum mehrere Copien in Marmor und unsere kleine Statuette in dem Material des Originals auf unsere Zeit gekommen; von moderner Hand ist an derselben nur der Discus hinzugefügt, und der untere Theil des rechten Fusses vom Knöchel ab ergänzt, und zwar nicht gut, da in Folge der Ergänzung der Körper zu sehr nach rückwärts geneigt ist; auch der linke, separat gegossene Arm ist oben an dem Schulterblatt so nachlässig angesetzt worden, dass die Hand zu weit über die Kniescheibe herunterreicht. Der Künstler hat das Motiv zu unserem Werke aus der hellenischen Palästra genommen und jenen flüchtigen Augenblick gewählt, wo der Discuswerfer mit der ganzen Elasticität seines jugendlichen Leibes die Scheibe entsendet, indem er, um sich mehr Schwung zu geben, nicht wie unsere Kegelschieber den linken Fuss voransetzt, sondern das rechte, auf den vorderen Fussballen aufgesetzte Bein als Stützbein gebraucht und den linken Fuss mit umgebogenen Zehen nachzieht. Da überdiess der Discobol den Kopf nicht nach vorn dem Zielpunkte des Wurfes zugewandt hat, sondern denselben entsprechend der Stellung des linken Fusses nach rückwärts wendet, um gleichsam dem Fluge des Discus von Anfang an mit den Augen zu folgen, erhält unsere Figur jene verschränkte (διεστραμμένον) und doch zugleich harmonische Körperbewegung, die Lucian als die kunstvolle Eigenthümlichkeit derselben hervorhebt.

Ueber der Console an der Wand befindet sich das am oberen Rande ergänzte Marmorrelief eines trunkenen, auf das mit der Keule zu Boden gefallene Löwenfell niedersinkenden Hercules (741), der in der L. den bei den Gelagen der Alten nie fehlenden Kranz hält, und den zwei Satyrn von vorn und von hinten aufzurichten suchen.

Auf der Console zur Linken der Thüre stehen mehrere kleine Marmorarbeiten, nämlich zwei Grabdenkmale (739 u. 740) aus Erythrä in Kleinasien mit der in der späteren Zeit des Griechenthums häufigen Darstellung eines Mahles, zu dessen Freuden man die Verstorbenen auf einer Kline gelagert dachte; ferner ein Grabdenkmal der Attia Vitalis

(733) mit den allerliebsten Kinderköpfchen der Verstorbenen und zweier ihrer Gespielinnen, darunter die auf dieselben bezügliche Inschrift aus dem ersten Jahrhundert der römischen Kaiserzeit; endlich ein mit Reliefs gezierter Marmordiscus (738, publicirt von Lützow Münch. Ant. 2 und 3), wie deren viele in den Säulenhallen der Tempel aufgehängt zu werden pflegten; die Reliefs auf beiden Seiten sind aus demselben Mythenkreis genommen, aber auf ungleich laufende Grundlinien gestellt, um dem Marmor mehr gleichmässig durchschimmernden Lichtglanz zu geben; auf der einen Seite sehen wir Hercules, wie er den erwürgten nemeischen Löwen davonträgt, auf der andern sitzt der im Kampfe mit den Hippokoontiden verwundete Heros auf einem Throne, indem er sich von Jolaos die Wunde an seinem linken Schenkel verbinden lässt; die Arbeit ist mittelmässig und wird nur theilweise durch die Schwierigkeit, zwei Seiten einer dünnen Marmorscheibe zu bearbeiten, entschuldigt; namentlich stören einige über die obere ideale Relieffläche allzusehr hervortretende Körpermassen.

Auf den Consolen zu beiden Seiten des Eingangs zum Saale stehen mehrere unbedeutende kleine Marmorbüsten, wie des Vitellius (732) und Paris (813), ferner die Gruppe eines Panisken, der einem Satyr einen Dorn aus dem Fusse zieht (743), welche nur in dem unteren Theile antik ist und von dem ungeschickten Restaurator zu einem Panisken, der einem Satyr auf der Flöte vorspielt, ergänzt wurde, und eine viereckige, schwerlich aus dem Alterthum stammende Marmorplatte (735). welche auf der

Vorderseite den Kopf des Perseus mit dem Medusenhaupt und ihm gegenüber durch die Hippe getrennt den der Andromeda mit dem Seeungeheuer, und auf der Rückseite den auf einem Seelöwen reitenden Amor zeigt. Unter den Consolen stehen zwei Inschriftsteine aus Erythrä, deren einer (746) zwei denkwürdige, das eine in gemein griechischer Sprache, das andere in äolischem Dialekte abgefasste Ehrendekrete zu Gunsten des erythräischen Bürgers Diodotos enthält, der in benachbarten Staaten nach einem in der Zeit nach Alexander d. Gr. herrschenden Brauche als unparteiischer fremder Richter die zwischen Mitbürgern anhängigen Processe endgiltig geschlichtet hatte (publ. von Christ in den Sitzungsbericht der bayr. Akad. 1866 S. 248 ff.).

Schrank I

enthält verschiedene Thiere von Bronze; einige derselben, wie ein Wolf mit aufgehobenen Vordertatzen (1), drei Panther, die mit den Vorderfüssen einen runden Schild gefasst halten (5—7) scheinen Theile von Militärzeichen gebildet zu haben; ein schöner grosser Löwenkopf (4) mit einem Ring im Maule gehörte zu dem Beschläge eines Thores; andere wie ein beflügelter Pegasus (3), um dessen linken Fuss sich die Chimära mit ihrem Schlangenschwanz geringelt hat, zwei stehende Hähne (9. 10), ein liegender Löwe (4), ein Delphin, auf dem ein Amor reitet (16), dienten als Griffe oder als Deckelverzierung; auch die schön gearbeitete beflügelte Sphinx (11) mit der Palmette über der Stirne war ursprünglich eine Verzierung an einem Fussgestell oder einer Lehne; nur wenige, wie der aus zwei Bronzeblättchen zusammengesetzte Windhund (21), die fragmentarisch erhaltene Gruppe eines von einem anderen Thiere angefallenen Ebers (22) und die liegende bei Narni gefundene Ziege (24) waren von vornherein ohne Zusammenhang mit einem Geräthe. Zur letzten Classe gehören auch ein Skorpion, ein Rabe, ein Adler und andere Vögel, welche als unächt weiter zurückgestellt sind.

Schrank 2.

In dem oberen Fache stehen zwei ehedem als Griffe von Cisten dienende Gruppen (40. 41) von Mann und Frau, die sich mit ausgestreckten Händen fassen, ein Fuss (42) mit zwei Sclaven, die zusammen ein Gefäss tragen; eine bei Anzing gefundene Statuette des Bacchus unter einer Weinlaube (43), eine das Gewand mit beiden Händen lupfende, unten abgebrochene Psyche mit stumpfen Flügeln (45), eine werthvolle Statuette des nackten Apoll (113) im alterthümlichen Styl mit lächelndem Gesichtsausdruck, lang über den Nacken hinabwallendem Haupthaar und straff herabgehaltenen Armen; von den Beinen ist das linke ein ganz klein wenig vor das rechte gestellt.

In dem mittleren Fache folgen eine sitzende Kurotrophos (47), mehrere kleine Statuetten der Venus, darunter eine das Haar sich abtrocknende $Ἀφροδίτη\ ἀναδυομένη$ (50); ein durch Naturalismus ausgezeichnetes altes Weib (52), das mit einem zweihenkeligen Korbe davoneilt; ein auf einem Baumstamm sitzender Panisk (53) mit Bocksfüssen und

Hörneransätzen, der mit prüfendem Blick auf den mit der rechten Hand in die Höhe gehobenen, wie es scheint, verletzten l. Fuss hinschaut, während er durch den rückwärts ausgestreckten l. Arm das Gleichgewicht zu erhalten sucht, von guter lebensvoller Arbeit; eine niedliche Statuette des Bacchus (55) mit umgeknüpftem Pantherfell und hohen Stiefeln, der in der erhobenen Linken den Thyrsusstab gehalten zu haben scheint; mehrere hübsche Figürchen des Amor (einige derselben stehen in dem unteren Fache); der schalkhafte Liebesgott ist darin mit verschiedenen Attributen und in verschiedener Haltung dargestellt; bald trägt er die Fackel, welche bei nächtlichen Schwärmereien vorleuchtete, bald die der Venus heilige Muschel, bald die Traube und den bacchischen Kantharos. An diese Bronzen reihen sich einige Genien und drei Laren (62—64; zwei derselben publicirt von Thiersch im Jahresber. der bayr. Akad. v. J. 1827) an; die letzteren, welche gewöhnlich in kleinen Sacellen über dem Heerde aufgestellt waren, sind in hoch aufgeschürztem Gewande nach Art des Bacchus (vergl. Nr. 66 im mittleren Fache) und in tanzender Bewegung dargestellt zum Ausdruck der heiteren ausgelassenen Stimmung bei dem Feste der Compitalien, welches alljährig zu Rom an den Scheidewegen zu Ehren der dort aufgestellten Laren gefeiert wurde; an zwei Exemplaren ist das in einen Delphin endigende Rhyton unten durchlöchert, womit die Haltung der Schale in der andern Hand übereinstimmt.

Schrank 3

im obersten Fache: zwei weibliche Figuren (74 u. 75) im archaischen Styl, die mit der Linken das sorgsam geordnete Gewand lüpfen und in der Rechten eine Zirbel halten; sie bildeten beide ehedem den Fuss eines Spiegels, dessen Scheibe bei Nr. 74 durch zwei auf der Schulter ansetzende Panther gestützt wurde; ein unbekleideter Apoll (76) mit einem jungen Reh in der Rechten, Copie des archaischen Originals im brittischen Museum; gute Büste (78) eines unbärtigen, mit leiser Neigung nach rechts aufwärts blickenden Mannes (Alexanders d. Gr.?) mit hohem griechischen Helm, der den rechten Arm in absonderlicher Weise schräg vor die Brust hält.

In dem mittleren Fache: mehrere Büsten des Jupiter-Serapis mit hohem Modius auf dem Kopfe; gute Büste des Jupiter-Serapis (83) mit einem durchlöcherten Stern auf dem Scheitel und nachlässig über die Stirne herabhängendem, wie eine Perücke aufgesetztem Haar; Büste des Jupiter-Serapis und der Juno-Isis (86) auf einem muschelartig geformten Serpentinstein; ein kleiner stehender, mit der blossen Chlamys bekleideter Jupiter (86), der in der Rechten den Blitz hält und den Zeigefinger der Linken erhebt; nackter auf dem rechten Fuss aufstehender Zeus (?) mit zierlich in Löckchen über die Stirne gelegtem Haar und sorgfältig geordnetem Bart (82); leider ist nicht nur das linke Bein vom Knie an ergänzt, sondern fehlt auch der linke Arm ganz und vom rechten der vordere Theil, so dass die Benennung der interessanten Bronze zweifelhaft ist; Aesculap (88) mit an der linken Seite sich emporreckender Schlange; ein Sol (89) mit Strahlenkranz um das Haupt und mit der Kugel in der Linken; mehrere Figürchen und kleine Brustbilder der Minerva, alle durch Helm und Aegis gekennzeichnet; als Göttin der Friedensspende hält sie in einigen Repliken in der Rechten die Opferschale und überdies in Nr. 91 in der Linken einen Speer.

In dem unteren Fache: Mercur in mehreren Wiederholungen, ausser durch Flügelschuhe und Flügelhut auch noch als Beschützer des Handels und Wandels durch den Beutel in der Rechten und das Füllhorn in der Linken (100—102) ausgezeichnet; in dieser Weise ward Mercur häufig in den von Kelten bewohnten Ländern aufgefasst, die nach der bekannten Stelle des Cäsar den Mercur für den obersten der Götter hielten; von einem Stück (Nr. 100) ist es bestimmt überliefert, dass es in dem alten Rätien in der Nähe des Hesselberges gefunden wurde; ein niedliches Figürchen des Mercur von Silber (105) mit Kerykeion und Flügelhut, welche Attribute den Gott als den Boten der Götter bezeichnen; eine sehr schöne Büste des Mercur (107) mit Flügelhut und auf der linken Schulter zusammengeknüpfter Chlamys; drei Figuren des Apoll, wovon die kleinste (108 b) die archaische Haltung des oben (Schr. 2 oben) beschriebenen Apoll in roher Form wiedergibt.

Schrank 4

in dem obersten Fache: bizarre weibliche Gestalt (110) mit einem Widderkopf auf der Stirne und troddelreichem, vorn auf der Brust in einen Knoten geschlungenem Gewand auf hohem Postament in römisch-afrikanischem Styl; nackte Venus mit dem hohen Kopfputz der Isis (modern Nr. 111); rohe Statuette der Diana (112), mit der Rechten einen Pfeil aus dem auf dem Rücken hangenden Köcher holend; eine männliche, halbbekleidete Gestalt (115) mit kurzem Haar und Bart von steifer etrurischer Arbeit.

In dem mittleren Fache: mehrere zum Theil in hiesiger Gegend (wie Nr. 126 b in Nassenfels) gefundene Figuren von Priesterinnen, die sämmtlich eine Opferschale in der Rechten, zum Theil auch noch einen Opferkuchen in der Linken halten; einige davon haben das Haupt bekränzt, wie es bei dem Opfer heiliger Brauch war. Daran reiht sich eine Reihe von Idolen der Fortuna, die alle durch das mit der Rechten gefasste Steuerruder und das bei zweien in einen doppelten Kelch endende Füllhorn in der Linken charakterisirt sind; aus der Verquickung des römischen Cultus der Fortuna mit dem ägyptischen der Isis in der Kaiserzeit erklärt es sich, dass einige jener Figürchen den Modius, andere den Pschent auf dem Kopfe tragen.

In dem unteren Fache: unbärtiger Römer (136) als Opferpriester dargestellt mit weiter, faltenreicher Toga und dem Krummstab (lituus) in der

Linken; weibliche sitzende Gestalt (143) mit emporgereckten Händen, an deren linkem Bein die Hand einer zweiten abgebrochenen Figur anliegt, wahrscheinlich Fragment der Gruppe eines Frauenraubes; in die Knie gesunkene, ängstlich nach oben blickende weibliche Gestalt, Niobe, mit einem durchlöcherten Griff auf dem Rücken (147).

Schrank 5

in dem obersten Fache: jugendlicher unbekleideter Hercules (148) von schlankem Körperwuchs in ruhender Stellung, in der abgebrochenen Rechten hielt er wahrscheinlich die Hesperidenäpfel; es folgen im oberen und mittleren Fache eine Reihe von Herculesfiguren von handwerksmässiger, zum grössten Theil geradezu barbarischer Arbeit, die alle einem und demselben Typus folgen; in der erhobenen Rechten schwingt der Heros eine Keule, in der Linken hält er ein Stück des Bogens, die Löwenhaut hat er theils um den Hals geknüpft, theils über den Arm geworfen; in abweichender Haltung erscheint Hercules in Nr. 171, wo er in ruhender Stellung die Rechte auf die Hüfte gestützt hat, und in Nr. 173, wo er taumelnd die Keule in der erhobenen Linken hält. In dem untersten Fache stehen mehrere ganz rohe Figuren, und ein Discuswerfer (181), der den Discus in der herabhängenden Linken hält.

Schrank 6

in dem oberen Fache: mehrere moderne Copien antiker Bronzen, wie zwei Statuetten der Nemesis (196 u. 197) mit an den Mund gelegtem Zeigefinger, und ein schöner grosser Satyrkopf (200).

In dem mittleren Fache: eine Reihe von antiken Büsten und Masken, unter andern eine bekränzte, aus einem Blumenkelch emporwachsende Knabenbüste (204); ein kleiner stehender Silen mit spitzen Ohren und dickem Bauch von naturgetreuer Behandlung (207 b).

In dem untersten Fache: nackte männliche Gestalt (224), deren Augensterne und Brustwarzen von Edelsteinen eingesetzt waren, wiewohl die Arbeit nur eine sehr mittelmässige ist; unbekleideter Jüngling (225 b) mit einem Celt in der Rechten auf runder Basis, von ungelenker etrurischer Arbeit; mehrere Copien antiker Figuren.

Schrank 7 u. 8

enthalten nur moderne Bronzen; nur einige davon sind nach antiken Originalen copirt, die meisten sind freie Schöpfungen aus dem Kreise der griechischen Mythologie; aber indem die Nachbildner des Gefühls für den Rhythmus und das Ebenmass der antiken Composition entbehrten, und die Ideale der griechischen Götterbildung, welche auch den geringsten unter den antiken Künstlern noch beseelten, nicht begriffen, mögen die hier aufgestellten Exemplare nur dazu dienen, den Unterschied ächter antiker Bronzen und moderner Fälschungen deutlich vor Augen zu führen.

Schrank 9—14.

Schrank 9 enthält mehrere bronzene Pateren, Spiegel und Rosetten ohne eingravirte Zeichnungen, Fussgestelle von Candelabern, Bleiröhren mit Inschriften, einen bronzenen Krummstab, und eine Menge von eisernen Geräthen und Waffen, die angeblich bei den römischen Ausgrabungen auf dem Birgelstein bei Salzburg gefunden wurden.

Schrank 10 enthält bronzene Schalen, Pfannen, Seihen aus den etrurischen Gräbern von Vulci, eherne Thürangeln und Scharnierbänder aus Pompeji, eine Schüre, deren Platte zwei Sphinxe in durchbrochener Arbeit darstellt, und einige mehrzinkige Geräthe, die noch heut zu Tage in Neapel beim Fischen in Gebrauch sein sollen.

Schrank 11 enthält ausser einer schönen grossen Amphora (605) aus Etrurien, deren beiderseitige Henkel in je zwei menschliche Gesichter mit Widderhörnern auslaufen, mehrere Copien bedeutender antiker Geräthe, so von einem prachtvollen etrurischen Dreifuss (606), der mit einer grossen Amphora (609) und mehreren goldenen Reifen (611 u. 612) bei den Eisenbahnbauten in der Nähe von Dürkheim in der Rheinpfalz gefunden wurde, ferner von dem oberen Ansatz (610) einer grossen etrurischen Vase aus einem keltischen Grabe bei Grächwyl im Canton Bern mit der Darstellung einer von Löwen, Schlangen und Hasen umgebenen geflügelten Göttin, von dem merkwürdigen, bei Judenburg in Steiermark gefundenen Bronzewagen (608) mit einem etrurisch-keltischen Opferzug, und von dem aus einem Grabe von Peccatel in Meklenburg ans Licht gezogenen phönizischen Bronzewagen (607), der eine grosse zu sacralem Brauche bestimmte Vase trägt.

Schrank 12 enthält vier grosse etrurische Pfannen von Bronze, deren Griff bei dreien die Gestalt eines Mannes hat, bei einem in einen Hundskopf endigt, mehrere bronzene Schüsseln und Kannen und einige kleinere Schalen und Becher von Silber.

Schrank 13 enthält bronzene Löffel, Casserole, Schüsseln, Kessel und Dreifüsse, die fast alle aus den Gräbern von Vulci oder aus dem verschütteten Pompeji herrühren; nur ein grosses Casserol von gemeinen Formen (661) ward zusammen mit dem oben (S. 12) berührten Militärdiplom bei Weissenburg in der alten römischen Provinz Rätien gefunden.

Schrank 14 enthält oben eine Anzahl von theils eisernen, theils bronzenen Schabeisen (strigiles), welche die Alten in der Ringschule brauchten, um sich den Schmutz von dem bei den Leibesübungen entblössten Körpern zu schaben; in der Mitte stehen kleinere Vasen, Büchsen und Glöckchen, unten bronzene Kessel und verschiedene Fragmente.

Zweiter Saal.

Der darauf folgende Rundsaal, dessen Wände mit sechs zum grössten Theil von moderner Hand in Gyps ergänzten Marmorbüsten, darunter eines Mars, Mercur, Geta, geschmückt sind, enthält gleichfalls antike Kunstwerke aus Metall; den hervorragendsten Theil derselben bilden die etrurischen Denkmale von Bronze und die kostbaren Schmuckgegenstände aus Gold.

In der Mitte des Saales befindet sich ein achteckiger Schrank, auf dessen Platte ein hoher Candelaber steht, dessen Stock beliebig höher und niederer gestellt werden kann, und der oben eine dreidochtige Lampe trägt; um denselben stehen im verkleinerten Massstabe ausgeführte Copien der in einander verschlungenen Florentiner Ringer (814), der Reiterstatue des Kaisers Marc Aurel (815), des farnesischen Stieres (816) und der Gruppe des auf einem Kentauren reitenden Amor (817). In den Pulten des Schrankes liegen ausgewählte Kunstwerke aus Gold, Silber und Elfenbein, die sämmtlich aus den Erwerbungen König Ludwigs stammen.

Pult 1. Goldener Kranz (publ. von Gerhard Antike Bildwerke Taf. 60), der laut einer beiliegenden Aufzeichnung König Ludwigs I. in einem griechischen Grabe bei Armento in Unteritalien gefunden wurde; derselbe besteht aus einem mit Eicheln reich behangenen Eichenzweig, dessen Aestchen und Blätter mit Winden, Narcissen, Astern, Myrthen und Epheu sinnig durchwunden sind; auf den Aestchen stehen zwei bekleidete weibliche Genien mit im Fluge gehobenen Flügeln, und auf den Blättern wiegen sich vier kleine, aus leichtem Goldblech gebildete Eroten, deren Blicke auf die grosse, in der Mitte der Stirne aufrecht stehende beflügelte Göttin gerichtet sind, die einen Gräserkranz auf dem Haupte trägt und in der Linken eine Opferschale, in der Rechten eine Asternblüthe hält. Dieser mit der grössten technischen Fertigkeit gearbeitete Goldkranz, dessen Farbe durch die Buntheit des Emails der Blumenkelche noch besonders belebt wurde, ward nach der auf der Basis der Hauptfigur mit Filigran ausgeführten Inschrift von einem gewissen Kreithonios dem Todten mit in das Grab gegeben, und gehört, wie namentlich die Formen der Buchstaben wahrscheinlich machen, dem vierten Jahrhundert vor unserer Zeitrechnung an; ähnliche Todtenkränze wurden in den griechischen Gräbern auf dem nördlichen Küstenlande des schwarzen Meeres gefunden und befinden sich jetzt in der Eremitage von St. Petersburg.

Pult 2 u. 3 enthalten zwei grosse Etuis von Schmucksachen in Gold, die zum grössten Theil vom Fürsten von Canino auf seinen Besitzungen im alten Etrurien ausgegraben wurden; aber sind auch diese Gegenstände aus etrurischem Boden erschlossen worden, so verrathen sie doch keine

Spur von der Steifheit etrurischen Kunstbetriebs, bewähren sich vielmehr durch die Schönheit der Arbeit und die Wahl der Motive, namentlich auf einigen Medaillons, als die Produkte griechischer Künstler Italiens; vorzüglich schön sind in dem ersten Etui der aus einer dreifachen Reihe von Rauten und angehängten Eicheln und Pinienzapfen bestehende Stirnschmuck, die in zwei Widderköpfe endigende dicke Halskette (torquis), die übrigen aus Ankern, Enten, Fläschchen zusammengesetzten Halsketten, die drei von feinster Filigranarbeit übersponnenen Kugeln, viele kleinere und grössere mit Figuren von Reitern, Enten und Sphinxen (publ. mit anderm Goldschmuck dieses Pultes von Micali Mon. per serv. t. XLVI, 5 u. 12) geschmückte Haften, die viereckigen Schliessen mit beflügelten weiblichen Köpfchen, die Riech- und Salbenbüchschen, der grosse mit Blumenkelchen und Beerenbüscheln gezierte Brustschild. In dem zweiten Etui liegen verschiedenartige Armspangen und Fingerringe, von denen einige aus einem bronzenen Kern mit aufgelegten Goldblättchen bestehen; kostbare Ohrgehänge von verschiedener Form und Grösse, drei runde Scheiben, worauf ein Kopf en face mit fliegendem Haar und einer an einer Halskette hängenden Bulle eingepresst ist, wie er ähnlich auf Münzen von Heraklea und Hyrina in Unteritalien vorkömmt; länglicher Brustschild mit einer Frau zwischen zwei Hippokampen; eine Bulle, wie sie in Etrurien die Knaben an einer Schnur um den Hals zu tragen pflegten; eine grosse Anzahl kleiner Rosetten und Beerenbüschel.

Pult 4 enthält einen angeblich in Rom gefundenen, aus Durands Nachlass erworbenen kostbaren Goldschmuck, bestehend aus einem Paar prachtvoller Ohrringe, einem Siegelring mit einem Hippokampen, einer runden und zwei viereckigen Broschen, einer Fibula mit kleinen Sphinxen, und einer Halskette mit dem Medaillon eines männlich gehaltenen Kopfes mit herausgereckter Zunge; ferner ein Diadem von dünngeschlagenem Goldblech (1290) aus einem Sarkophag in Athen, wie sich solche öfters auf die Stirnen der Todten gelegt finden; eine schön gearbeitete Halskette, die in zwei Löwenköpfe mit Widderhörnern endet, aus einem äginetischen Grab; mehrere von Haller und Rouen aus griechischen Gräbern gesammelte Schmuckgegenstände, darunter zwei schöne, sich entsprechende Medaillons mit den Brustbildern des Apoll und der Diana von der Insel Anaphi (1304), zwei Ohrgehänge (1307) in der Form beflügelter Göttinnen mit der Sonnenscheibe auf dem Kopf, die sie mit der Rechten fassen, während sie in der Linken einen Lorbeerzweig halten.

Pult 5 umfasst Repräsentanten des alt-etrurischen Styles, wobei zur Vervollständigung den Gegenständen aus Gold auch Stücke von Bronze und Thon beigefügt sind. Aus Gold ist gefertigt ein grosser Haarschmuck, der vom Fürsten von Canino bei Ponte Sodo gefunden wurde; derselbe besteht aus einer grossen runden Scheibe mit einem eiähnlichen Anhängsel; auf die Scheibe sind in ungelenker Zeichnung Vögel, Löwen und Krieger eingeritzt; die Bulle und die beiden trennenden Querstangen sind mit Goldfäden übersponnen und mit Enten, Löwen, Affen garnirt (publicirt mit mehreren folgenden Stücken von Micali Monum. XLV und XLVI). Damit im Styl verwandt sind eine aus kleinen, in Gold gefassten Typhonen von Thon zusammengesetzte Halskette, zwei in Vulci gefundene grössere typhongestaltete Idole von Thon, die in goldene Kapseln eingeschlossen sind und, wie die Oehren zeigen, als Amulette um den Hals getragen wurden; drei weitere Idole von schwarzem Thon, deren goldene Belegblättchen nur theilweise erhalten sind. Diese Stücke erinnern an ägyptische Vorstellungen und gleichen auch in der Arbeit in auffälligster Weise ägyptischen Thonfiguren, wie jeder sich durch Vergleichung derselben mit den kleinen Idolen des 5. ägyptischen Saales überzeugen kann; da nun überdiess in den Gräbern desselben Vulci Skarabäen mit ägyptischer Hieroglyphenschrift gefunden wurden, so liegt die Vermuthung sehr nahe, dass diese und ähnliche Gegenstände durch die handeltreibenden Phönizier aus Aegypten bei den abergläubischen Etruriern eingeführt wurden. Ausserdem liegen in demselben Pult: eine etrurische Götterfigur (408) von schwarzem Thon, deren doppeltes, nach oben und nach unten gerichtetes Flügelpaar an ähnliche Darstellungen Assyriens gemahnt (publicirt von Micali Monum. XXI, 5); dieselbe war, wie die Löcher an den Flügelenden beweisen, ursprünglich mit Stiften an eine Wand befestigt; ferner drei schwarze Thonfiguren (410) mit auf die Brust gelegten Armen von ausgesprochenem ägyptischem Typus; eine Scheibe von grauem Thon mit der alterthümlichen Maske eines Flussgottes (341) wie deren zahlreiche, theils von Erz, theils von Thon als Schmuck der Wände etrurischer Grabkammern gefunden wurden; ein Salbengefäss in der Form eines Affen; eine bekleidete, mit Halskette und Diadem geschmückte Frau aus Bronze (49).

Pult 6 enthält die ebenso kunstvollen, wie interessanten Werke von Gold und Bronze, welche Dr. Ferlini in einer der grossen Pyramiden von Meroe in Nubien im Jahre 1834 mit noch anderen Gegenständen gefunden und nach seiner Rückkunft an König Ludwig I. käuflich abgelassen hat (siehe darüber Ferlini Cenno sugli scavi operati nella Nubia. Bologna 1837). Dieselben bestehen in sechs goldenen Schildringen, deren obere, mehr wie fingerbreite, schildförmige Platte den Kopf des Osiris oder einen Widderkopf trägt; die Widderköpfe erinnern an den bei Meroe befindlichen Tempel des Jupiter Ammon, der bekanntlich mit Hörnern in der Kunst dargestellt wurde. Ferner gehören zu jenem Grabschmuck der Pyramide drei Halsketten, von denen die eine aus Nilschlüsseln, die andere aus Perlen in Käferform (Skarabäen), deren zwei eine Inschrift tragen, die dritte aus sieben Kapitälen der Hathor, der Göttin des Schmuckes, und gleich vielen länglichen Perlen zusammengesetzt ist; diese Perlen tragen ein weibliches Bildniss mit Sperber und Sonnenscheibe; von der 4. dabeiliegenden Halskette ist nur das mittlere, aus einem Hathorkapitäl bestehende Medaillon ächt und antik; von besonders kostbarer Arbeit sind die zwei Paare von Armspangen mit blauem, rothem und gelbem Email und sechs bis acht ringsum eingesetzten Köpfchen, die abwechselnd ein Pschent oder ein Hathorkapitäl tragen; ein

Paar ist obendrein in der Mitte mit einer grossen doppeltbeflügelten Göttin geziert. Endlich wurden in jener Pyramide von Meroe, aber an einem verschiedenen Platze, die zwei eleganten bronzenen Gefässe gefunden, die vielleicht als Tintenfässer gedient haben. Sämmtliche Stücke sind mit vollendeter Technik und mit feinem Geschmack gearbeitet, und wiewohl sie in einer Pyramide und in Aethiopien gefunden wurden, so tragen sie doch das offenbarste Gepräge vom Einfluss griechischer Kunst; für denselben zeugen speciell noch die mit dem Goldschmuck zusammengefundenen griechischen Cameen und die mit Reblaub bekränzten Bacchusköpfe an dem einen der bronzenen Gefässe. Auch ist es bei der häufigen Befragung des Orakels des Jupiter Ammon durch die Griechen nicht befremdlich, wenn sich unter den 4000 Künstlern, die nach Plinius H. N. VI, 186 in Meroe lebten, die Einwirkung der überlegenen griechischen Kunst geltend machte.

Pult 7 enthält nur Gegenstände von Silber, nämlich mehrere geschmackvoll ornamentirte Casserole aus Pompeji; ein ovaler Handspiegel (1322), dessen Griff eine Mondsichel bildet und in zwei Frauenköpfchen endet (schwerlich antik); eine einhenkelige Schale (638), auf deren Griff statt eines einfachen Knopfes ein hübsches Frauenköpfchen aufsitzt; ein Teller für Taubeneier (649); eine einhenkelige, eimerartige Vase (1323) mit auffälligen ägyptisirenden Opferdarstellungen, wahrscheinlich aus Pompeji stammend, wo uns zahlreiche Anzeichen von ähnlicher Vermischung griechischer und ägyptischer Culte begegnen.

Pult 8 enthält grösstentheils Gegenstände von Bein, unter denen am bedeutendsten: eine bei Neapel gefundene Elfenbeinleiste (1324, publ. in Zahns Ornamente aller klassischen Kunstepochen XVIII, 87) mit dem schönen Ornament zweier aus Blumenkelchen emporsteigenden Eroten, welche einen Stierkopf bekränzen; ein von Epheulaub umrankter Stab von Bein; eine Thonleiste (1330) mit zwei liegenden Eroten, deren einer mit der Linken eine Lyra hält; Bruchstück eines bei Speier gefundenen Bechers (1377) mit dem Gypsabguss eines zweiten später gefundenen, jetzt im Antiquarium zu Speier befindlichen Stückes des gleichen Bechers, auf dessen Bauch tanzende, sich die Hände reichende Frauen dargestellt sind (schwerlich antik); Auge einer Statue von Bein (1338), in dessen Mitte die Pupille ursprünglich von farbigem Stein eingesetzt war, aus dem Tempel von Aegina; mehrere Nadeln von Bein, deren Knopf das eine Mal von einer weiblichen Büste mit hoher Frisur, das andere Mal von der Figur eines Komikers, das dritte Mal von einem Herakopf gebildet wird; Löffel, Fingerringe, Griffel, Handhaben, Würfel und Astragali von Bein; runde, viereckige, herzförmige Marken von Bein und Erz mit irgend einem Bildniss und einer Inschrift, die zum Einlass in eine Theatervorstellung oder zum Empfang einer Gabe vorgezeigt wurden; drei viereckige Stäbchen von Bein (das eine, Nr. 1374, ist eine moderne Fälschung) mit einem durchbohrten Knopf, durch den eine Schnur zum Anhängen gezogen wurde; auf den vier Seiten steht der Name eines Gladiators und das Datum des erfochtenen Sieges, woraus man ersieht, dass solche tesserae den Gladiatoren als Auszeichnungen für einen Sieg in der Arena gegeben und von denselben wie unsere Orden um den Hals getragen wurden. (Siehe Ritschl Die tesserae gladiatoriae der Römer in den Abhandlungen der bayr. Akad. 1. Cl. X. Bd.)

Seitenpulte.

Auf den Pulten ringsum an den Wänden des Saales steht eine grosse Anzahl von ein- und zweihenkeligen Vasen von Bronze, die mit wenigen Ausnahmen aus den etrurischen Gräbern von Vulci stammen; ferner das Bruchstück eines lebensgrossen Pferdefusses (765); der Kopf eines Meerungeheuers (1699) aus Palästrina, der ursprünglich das Ende eines Balkens geziert zu haben scheint; eine Art Ambos (1138) gleichfalls aus Palästrina, in dessen Vertiefung die Gruppe eines Mannes, der ein ausschlagendes Pferd gefasst hält, eingegraben ist; ein vorzüglich gearbeiteter Greifenkopf (807), der nur zu schwer ist, um die gewöhnliche Verwendung derartiger Köpfe zur Verzierung des Endes einer Wagendeichsel als wahrscheinlich erscheinen zu lassen; ein räthselhaftes viereckiges, auf 4 Füssen ruhendes Gefäss von Blei (807) mit einem Thor auf der einen Seite, aus einem Felsengrab der Insel Milos; mehrere Bündel schön gravirter Schellen, und mehrere Opferstöcke und Candelaber von Bronze; diese stehen auf einem Dreifuss, haben oben eine Schale zum Opfern des Weihrauches oder eine Platte zum Aufstellen der Lampe, und bewahren ein Anzeichen ihres Ursprungs aus hölzernen Stöcken, die sie bei wachsender Verfeinerung des Lebens verdrängten, noch darin, dass an ihren Schaften Tauben, Hunde, Leoparden, Knaben hinaufklettern; der vorzüglichste unserer Candelaber (803, publicirt von Micali Monum. XL, 5) stammt aus Vulci und befand sich ehedem im Besitze Candeloris; auf runder Basis steht ein nackter Jüngling in alterthümlichem, conventionellem Styl mit einem in den gehobenen drei Fingern der Rechten zierlich gefassten Apfel; derselbe trägt einen reich ornamentirten Candelaberstock, der leider oben abgebrochen ist. Mehrere andere Stücke, die oben auf den Pulten stehen, werden besser im Zusammenhang mit den in denselben liegenden besprochen.

Pult 1 enthält mehrere unbedeutende, obendrein meist dem Verdacht der Fälschung unterliegende Fingerringe von Bronze und Eisen, und einige zum Theil in Gold gefasste geschnittene Steine; ausserdem ein nachgebildetes Sistrum von Bronze, ein musikalisches Instrument, das bei den betäubenden Orgien der Isis gebraucht und desshalb auch den Statuen der Göttin in die Hand gegeben wurde.

Pult 2 enthält Griffel (stili) von Bronze und Eisen, deren untere Spitze zum Schreiben auf Wachstafeln und deren obere schaufelförmige Platte zur Tilgung verfehlter Buchstaben gebraucht wurde; mehrere verschieden construirte Zirkel von Bronze; Nadeln und Löffelchen von Bronze und Bein; Bruchstück eines bronzenen Rasiermessers (860); Gewichtsteine von Bronze, Marmor und gebrannter Erde (861) mit Inschriften, die theils das Gewicht angeben, wie S d. i. semis = Halbpfund, theils die obrigkeitliche Aichung bestätigen, wie EX C A d. i. exactum cura aedilium; drei bronzene Nägel mit vergoldeten Köpfen (864), die dazu dienten, die Platten an dem Schatzhaus von Mykenä an der Wand zu befestigen; mehrere runde und kegelförmige Stücke von Bronze (996) mit einem Oehr zum Durchlassen einer Schnur, die den Dienst unserer Senkbleie leisteten; verschiedene Schnallen, Buckeln, Messer, Angeln von Bronze.

Pult 3 umfasst bronzene, für einen und mehrere Dochte bestimmte Lampen; in der Mitte der oberen Fläche derselben befindet sich ein Loch zum Einschütten des Oels, das in der Regel mit einem einfachen Deckel, in dem nachgebildeten Exemplare 891 mit einem Deckel, auf dem ein Mäuschen sitzt, geschlossen ist; das Fehlen jenes Loches lässt die grosse siebendochtige, schön ornamentirte Lampe 898 als unächt erscheinen; weiter vorn an dem Schnabel pflegen ein oder mehrere Löcher zum Aufstochern des Dochtes angebracht zu sein. Zur Ausschmückung benützten die Künstler theils die obere und die Seitenflächen der Lampen, theils den Griff derselben, den sie bald in der Gestalt eines Halbmondes mit Bezug auf den nächtlichen Gebrauch der Lampen bildeten, bald in Menschen- und Thierköpfe endigen liessen; besonders hübsch sind in unserer Sammlung die eindochtige Lampe 884, deren Griff in das Bruststück eines Leoparden ausläuft, und die oben auf dem Pulte stehende grosse zweidochtige Lampe 798 mit vier weiblichen Masken an den Seitenflächen und einer umgebogenen in einen Pferdekopf endigende Handhabe.

Pult 4 u. 5 enthalten eine ausgewählte Sammlung von bronzenen und bleiernen, meist aus den Gräbern von Vulci stammenden (Nr. 919 ward in Theilenhofen in Mittelfranken gefunden) Henkeln und Handhaben, deren Ansatz an dem Bauch und Rand der Gefässe aus den vollkommen erhaltenen Bronzevasen der Sammlung erkannt werden kann; ausser der leicht geschwungenen Form der Mehrzahl jener Stücke sind besonders die hübschen Palmetten, Widder-, Wolfs-, Medusen- und Satyrköpfe bemerkenswerth, aus denen die Arme der Henkel herauswachsen; einer der schönsten Henkel (907) mit zwei Löwenköpfen verdient noch insbesondere unsere Beachtung wegen des Firnisses, mit dem die Bronze überzogen ist, um sie vor zerbröckelndem Rost zu schützen. In dem 5. Pult liegen ausserdem noch ein Schloss und mehrere Schlüssel und Riegel von Bronze, ein Stück eines bronzenen Eierstabs (995), eine getriebene Scheibe mit weiblichem Kopf (1000), ein hohler Ring (999) etc.

Pult 6 u. 7 enthalten Nachbildungen antiker Waffen in farbigem Gyps, nämlich zwei grosse Schwerter, eines von Eisen (1001) und eines von Bronze (1002) aus den Gräbern am Hallstadter See im Salzkammergut; zwei römische Schwerter (1003 u. 1004) mit der kurzen, aber breiten, vorn zugespitzten Klinge, die sich mehr zum Stoss und Hieb als zum Einhauen eignete; ein blattförmiges Bronzeschwert (1005) aus einem Grabhügel aus Horchheim unweit von Worms; ein langes Schwert (spatha) der römischen und namentlich der bundesgenössischen Reiterei (1006), zwei Eisenspitzen eines römischen Pilum, jener furchtbaren Waffe des römischen Fussvolks (1007 und 1008); ein bronzener Panzer (1010); ein Brustschirm (1013); ein Nasenbein- und ein Brustschirm einer Pferderüstung (1011 u. 1012); ein römisches Schuhwerk, zusammengesetzt nach dem massenhaften Vorrath eines in Mainz entdeckten römischen Schuhmagazins.

Diesen Stücken reihen sich die Copien zweier griechischer Helme von Bronze (1016 u. 1017), des römischen bei Neuwied gefundenen Helmes von Eisen (1015), und des im Speierer Antiquarium befindlichen, der Unächtheit stark verdächtigen (siehe Brambach Corpus insc. Rhen. p. 366 Nr. 50) Legionsadlers der L. IIII G. an, welche oben auf den Pulten stehen.

Pult 8 u. 9 enthalten griechische und römische Originalwaffen, grösstentheils bronzene, welche gegen Zerstörung durch Rost besser als die eisernen geschützt waren, nämlich ein grosses bronzenes Opfermesser, einen Dolch mit bronzenem Griff und fast ganz zerstörter Scheide, mehrere bronzene Celten aus der Gegend des alten Etruriens, deren Stiel theils in ein Loch, theils in die von beiden Seiten sich wölbenden Schaftlappen eingelassen war, und die desshalb ein besonderes Interesse erregen, weil sie den massenhaft in den Sitzen der alten Kelten gefundenen Beilen oder Stemmeisen zum Vorbild gedient zu haben scheinen; ferner mehrere blattförmige Lanzenspitzen von Bronze, von denen eine (1038) bei Erlingshofen im Landgericht Kipfenberg gefunden ward; Pfeilspitzen von Bronze und Feuerstein, von welch letzteren eine aus Marathon und eine aus Rom stammt; Sporn und Pferdegebisse von Bronze; dreizackige

Instrumente, von denen man gewöhnlich annimmt, dass sie als Bogenspanner zum Anziehen der Sehne gedient haben; stachelichte Schlagstücke von verschiedener Grösse mit einem Loch zum Durchstecken eines Stockes, den Streitkolben des Mittelalters vergleichbar; Bleikugeln (glandes) der römischen Schleuderer aus Italien und Griechenland, vielfach mit dem Bilde des Blitzes und einer Inschrift in erhabenen Buchstaben, welche theils die Heeresabtheilung angibt, theils eine Aufforderung zum Treffen enthält.

Den Hauptinhalt des 9. Pultes bildet die werthvolle Bronzerüstung, die in einem griechischen Grabe in Unteritalien gefunden wurde; sie besteht aus zwei Beinschienen, dem Brust- und Rückenstück eines Panzers, einem Helm mit Nackenschirm und abgebrochenen Backenstücken, einem Gürtel von Bronzeblech und einem Bronzeschwert; die Schutzwaffen sind alle von schöner, die Formen des Körpers genau wiedergebender Gestalt, was besonders an dem Helm im Vergleich mit den anderen Exemplaren der Sammlung hervortritt; es stehen nämlich in demselben Pult noch drei weitere Bronzehelme, von denen der eine bei Rieti gefundene (1087) auf dem Scheitel eine Röhre zur Befestigung des Helmbusches hat und in dem Stirnschirm den Stempel Q · COSSI · Q*) trägt.

Pult 10—12 repräsentiren die Kunst der alten Etrurier in der Bearbeitung der Bronze. Die

---

*) Zuletzt publicirt von Mommsen im C. I. L. 1493, der die Worte lieber zu Q. Cossius Q. filius ergänzen, als auf Q. Cossi quaestoris deuten will.

meisten Stücke stammen aus dem grossen Funde, der im Jahre 1812 bei Perugia gemacht wurde und, wenigstens theilweise, in Dodwells Hände und dadurch in Münchens Sammlungen, in die Glyptothek und in unser Antiquarium gelangte. Leider wurden genauere Fundberichte erst geraume Zeit nach seiner Auffindung (von Inghirami Monum. etrusc. t. III c. IV und Micali Monum. per servire etc. tab. XVIII—XXXI) veröffentlicht, so dass viele Unklarheiten über die Zusammengehörigkeit der Theile und die ursprüngliche Bestimmung derselben bleiben; wahrscheinlich aber gehörten sie zu einem in den Kriegszeiten vergrabenen Tempelschatz, der aus verschiedenen Weihgeschenken, namentlich Thronen, Votivwägen, Statuetten etc. bestand.

In und auf dem 10. Pulte befinden sich zwei zusammengehörige eiserne Balken von 1,2 Meter Länge, die in die bronzene Protome einer Sphinx endigen, und das Bruchstück eines dritten ähnlichen Balkens mit einem bronzenen Löwenkopf; wahrscheinlich dienten dieselben dazu, einen viereckigen hölzernen Wagenkasten zu tragen, der nach aussen mit getriebenem Bronzeblech beschlagen war. Zu einem Wagen gehörte offenbar auch noch die runde Platte mit dem ganz heraustretenden Löwenkopf, der das Ende einer Radbüchse zierte; ob aber ausser den in der Glyptothek im Incunabelnsaal befindlichen Stücken auch noch die drei oblongen Bronzebleche unserer Sammlung, das eine (Nr. 1101, l. 0,42, br. 0,16) mit Kuh, Wolf, Widder und Seepferd in hohem Relief, das andere mit zwei sich entgegenstehenden, zwar gleichfalls stark hervortretenden, aber verschieden behandelten Löwen (Nr. 1003, l. 0,41, br. 0,22), das dritte mit zwei von Löwen angepackten Ebern (Nr. 1102, l. 0,94, br. 0,20) in ganz flachem Relief als Beschlägestücke zu jenem Wagen gehörten, muss bei dem Mangel bestimmter Anzeichen dahingestellt bleiben, jedenfalls konnten sie bei der Verschiedenheit der Arbeit nicht zu einem und demselben Wagen gehören. Von ähnlicher Verschiedenheit der Ausführung ist auch ein dreieckiges, im rechten Winkel abgeschnittenes Seitenstück (1105) mit einer Sphinx in hohem Relief, und ein dreiseitiges Oberstück (1104) mit zwei ganz flach gehaltenen Löwinnen; bruchstückweise erhalten ist ein beflügelter Löwe (1108), eine bekleidete Frau mit Schnabelschuhen (1109) und ein Bogenschütze (1110), die alle gleichfalls in Relief aus Bronzeblech getrieben sind.

Ein grösseres kunsthistorisches Interesse haben die zwei auf die Pulte gestellten, 0,65 Meter hohen Hintertheile von weiblichen Figuren (1106 u. 1107) aus getriebenem Bronzeblech; es repräsentiren dieselben jene älteste, sonst nur durch die Angaben der Schriftsteller bezeugte Epoche der alten Kunst, in der man vor Erfindung des Bronzegusses die Statuen aus getriebenen, über einen hölzernen Kern genagelten Stücken Bronzeblech *(σφυρήλατα)* zusammensetzte. Das hohe Alter der beiden Stücke drückt sich durch die steife Haltung, die straff herabgehaltenen Arme, die vierschrötig hervortretenden Hinterbacken und das in regelmässigen parallelen Streifen auf den Rücken herabfallende, unten geradlienig abgeschnittene Haupthaar aus; leider ermangeln wir einer bestimmten Notiz über die Herkunft derselben, wahrscheinlich gewann sie Dodwell, denn durch ihn kamen sie in unser Museum, aus jenem grossen Funde von Perugia.

In dem 11. und 12. Pulte liegen Füsse von Cisten und Candelabern, palmettenartige Ornamente, kleine Rädchen von ungewissem Gebrauch, ornamentale Hippokampen und Löwen; über die Verwendung solcher liegender Löwen in der italischen Kunst gibt unter anderm eine bei Grumento gefundene bronzene Reiterstatue (gezeichnet in den Mon. dell' Instit. V, 50) Aufschluss, auf deren Sockel zu Seiten des Pferdes je drei liegende Löwen angebracht sind; zwischen den vier grossen sitzenden Löwen, durch deren Maul eine Stange gegangen zu sein scheint, steht ein schöner Gefässhenkel (1149), gebildet aus einem springenden Löwen, der einen Menschenkopf im Maule gepackt hält.

Auf den genannten Pulten stehen zwei phantastische, auf eine schräge Fläche aufgesetzte Greifenköpfe (1114) mit gespitzten Ohren und aufgesperrtem Maul von guter Arbeit; zwei doppeltbeflügelte weibliche Gestalten (1111 u. 1112, publicirt von Micali Monum. XXIX, 2), die auf dem Haupte einen spitzen Hut (tutulus) tragen und mit der auf die Brust gelegten Rechten eine Taube halten; sie dienten, wie die dreieckigen Basen deutlich zeigen, zur Verzierung der Ecken eines mehrseitigen Kastens; ferner eine ähnlich verwendete, bekleidete weibliche Figur mit Spitzhut ohne Sockel (1142); eine nackte männliche Figur (225, publ. von Micali Monum. XXX, 4) in der Stellung, als wolle sie sich zum Schwimmen ins Wasser stürzen, ursprünglich den Henkel einer Vase bildend; Fuss eines Gefässes (805), bestehend aus einem auf eine viereckige Basis aufgesetzten Löwenfuss, welcher sich in einem bärtigen, schlangenfüssigen Telamonen fortsetzt, der mit den Händen quer über den Kopf eine Stange hält.

Pult 13—16 enthalten verschiedene unbedeutendere Schmuckgegenstände, Armspangen und Brustschilde von Bronzedraht, bronzene Haften (fibulae), grösstentheils aus den römischen Gräbern Salzburgs stammend; zwei grosse und ein kleinerer, in moderne Rahmen gefasste viereckige Spiegel von Silber, endlich kleine Votivfigürchen, wie Löwe, Maus, Schlange, Wolf, Eule, Taube, Delphin, welche bei einem Venustempel an der porta Salaria zu Rom gefunden und von Prof. Jos. v. Hefner für die Sammlung erworben wurden.

Dritter Saal.

In der Mitte und an den beiden Schmalseiten des Saales stehen die lehrreichen phelloplastischen Nachbildungen folgender römischer Bauten:

des Colosseums oder des Amphitheaters des Kaisers Vespasian;

der Triumphbögen des Titus und des Constantinus;

der Tempel der Fortuna und des Bacchus;

des Grabdenkmals der Plautier auf dem Wege nach Tivoli;

der beiden Rundtempel der Vesta zu Rom und zu Tivoli.

Die Wände und Schränke sind geziert mit grösseren Werken, grösstentheils mit Marmorsculpturen, welche aus dem alten Antiquarium in die neuen Räume übergeführt werden konnten. Dieselben sind, um mit der Wand rechts vom Eingang zu beginnen:

Marmorstatuette einer Amazone in ausruhender Stellung, die mit einem kurzen, bis zu den Knien reichenden Rock und einem rückwärts über die Schultern geworfenen Mantel bekleidet die rechte Hand quer über den frisch aufgesetzten und von einer anderen Statue herrührenden Kopf gelegt hat (publicirt von Christ in den Beiträgen zur Geschichte der Antikensammlungen Münchens);

nachlässig ausgeführtes Relief eines jugendlichen, mit Reblaub bekränzten Bacchus, der auf einem Felsen sitzend einem in Windeln gehüllten Kinde, das ihm von einem der ihn umgebenden Satyrn dargereicht wird, die linke Hand auf den Kopf legt (publicirt nach andern von Wieseler Denkm. II, 38, 449);

Statuette eines an eine Stütze gelehnten und den linken Fuss auf einen Felsen setzenden halbbekleideten Bacchus mit von Gyps ergänztem Kopf;

Genius mit Siegeskranz in der erhobenen Rechten vom Bildhauer Eberhard;

Autumnus mit einer Hippe in der Rechten und einer Ente in der herabhängenden Linken; in dem Bausch der umgeknüpften Nebris, die ihn dem Gefolge des Bacchus zuweist, hält er einen Hasen; der Kopf ist von Gyps ergänzt;

vorzügliches Bruchstück einer Reliefplatte mit drei Greisen, von denen der mittlere, welcher das Kinn mit der rechten Hand gestützt hält, durch den königlichen Purpurmantel und die um das Haupthaar gelegte Tänie vor den andern ausgezeichnet ist; der geistreichen Deutung Thierschs (in den Jahrbüchern der bayr. Akad. v. J. 1829), der an Priamus und die troischen Greise dachte, welche von einem Thurme der Stadtmauern der schönen Helena staunend nachschauen, steht der nach oben, statt nach unten gerichtete Blick namentlich des mittleren Greises entgegen;

Reliefplatte mit einem stark vorspringenden Silenskopf auf der einen, und einer flachen weiblichen Maske auf der anderen Seite, von geübter Hand in naturalistischer Ausführung;

Statuette eines Aesculap mit fehlenden Armen; grosse besterhaltene Terrakottenplatte mit dem vorspringenden Hochrelief einer beflügelten Victoria, die in der erhobenen Linken den Siegeskranz und in der Rechten die Friedenspalme trägt; die Göttin ist in dem Momente dargestellt, wo sie, an dem Ziele ihres Fluges bereits angelangt, mit stolz erhobenem Haupte dem Sieger den Kranz entgegenhält; während daher ihr Gewand noch von der stürmischen Bewegung in schön geschwungenen Linien rückwärts wallt, hat sie bereits die beiden Flügel zu senken begonnen; die Farbe des Thones ist gelblich-braun, nur der breite Saum des übergeschlagenen Gewandes ist schwarz bemalt; die Ausführung zeigt von technischer Virtuosität, doch mangelt die liebevolle Durchgeistigung und weist namentlich, wie Lützow (Münch. Ant. t. 13) hervorgehoben hat, die ungriechische, der Tracht der römischen Imperatoren entlehnte Fussbekleidung und das um das Haupthaar gelegte Diadem, welches die Griechen nur den oberen Göttinnen, vorzüglich der Hera als Zeichen der Hoheit beilegten, auf den römischen Ursprung der Terrakotte hin.

Weiter folgen an den Seitenflächen des Saales: die Marmorstatuette des durch Blitz und Adler gekennzeichneten Jupiter; ein knieender, mit der Exomis bekleideter Mann mit falsch ergänztem Kopf; eine bis auf den Kopf gut erhaltene Statue der Minerva im archaistischen Styl (publ. von Christ in den Beiträgen z. G. d. A.); eine moderne Copie des bogenspannenden Amor, zwei Aesculape, von denen der eine als Vulcan restaurirt ist; eine vielfach ergänzte Venus victrix in der Haltung der Venusstatue von Milo.

Den Hauptinhalt des dritten und vierten Saales bilden die in den Schränken und Pulten aufgestellten

Werke der antiken Plastik.

Die Bildnerei in Thon ging bei den Alten den Schöpfungen in Marmor und Metall voraus, und namentlich in dem architektonischen Schmuck der Giebelfelder verdrängten erst allmählich Werke aus Marmor die alten Figuren aus gebrannter Erde. Aber auch nachher noch erhielt sich die Plastik wegen ihres bildsamen und wohlfeilen Materials neben ihren stolzeren Schwestern. Für den Schmuck der Tempel und Wohnungen schuf sie die Akroterien, Wasserspeier und Friesplatten, für die Bedürfnisse des Hauses die reliefgeschmückten Gefässe und Lampen; aber auch in der Bildung menschlicher Gestalten trat sie nicht ganz zurück; wohlfeilere Statuetten wurden fortwährend von Thon und Wachs gefertigt, namentlich bildeten die Koroplathen in Athen eine zahlreiche Zunft. Charakteristisch war für die Werke aus Thon die grössere und häufigere Anwendung von Farbe, und an einer grossen Anzahl von Rundfiguren und Friesplatten unserer Sammlung sind die Spuren der auf wenige Farben beschränkten Bemalung noch sichtbar. Wegen der Zerbrechlichkeit des Stoffes sind die Terrakotten über der Erde mehr wie die Werke von Marmor und Bronze der Zerstörung und Vernichtung anheimgefallen; hingegen haben sich viele in der stillen Ruhe der Gräber erhalten, wohin sie von Verwandten und Freunden den Todten mitgegeben wurden. Auf solche Weise besitzen wir in Thon viele Schöpfungen des ächt hellenischen Kunstgenius, der auch diesen kleinen, unscheinbaren Werken den Adel der Form und die Grazie der Haltung aufgeprägt hat. Die meisten Terrakotten unserer Sammlung hat der berühmte Bildhauer Fogelberg aus italischen Fundstätten in Rom zusammengebracht, mehrere meist durch den röthlichen Thon gekennzeichnete Stücke liess König Ludwig I. auf der Insel Tenedos ausgraben, andere brachte der Architekt Gärtner aus Pästum und aus Centorbi in Sicilien, und Professor Brunn aus Rom mit; mehrere ungeschlachte grössere Köpfe stammen aus den Gräbern von Vulci, aber auch einzig vollendete Vertreter der attischen Kunstschöpfung fehlen unserer Sammlung nicht.

Schrank 1.

In dem oberen Fache steht eine Reihe von Antefixen oder Stirnziegeln, denen sich ähnliche in dem nächsten Schrank und über den Gesimsen der Thüren anreihen. Die meisten derselben zeigen zwischen Voluten oder Palmetten von Akanthusblättern breitgezogene Masken der Medusa, des Bacchus oder Jupiter Ammon; von den gewöhnlichen Formen weichen ab Nr. 2 mit einem jugendlichen Genius, der in der Rechten einen Kranz und in der Linken einen Palmzweig hält; Nr. 7 mit einer Victoria, die ein Tropaion trägt und auf einer Kugel zwischen zwei in einen Fischschwanz endigenden Steinböcken steht (vergleiche Urlichs Verzeichniss der Antikensammlung der Universität Würzburg S. 35 Nr. 72); Nr. 11 mit einem Frauenkopf im strengen Styl, der mit ornamentirtem Diadem und gewundener Halskette geschmückt ist und Reste der Bemalung auf rothem Grund zeigt; Nr. 16 mit einem stehenden, die Flügel zum Fluge ausbreitenden Greif.

In dem mittleren Fache stehen: ein ithyphallischer Priap, der einen Früchtekorb mit beiden Händen vor sich hält, mit rother Bemalung (28); ein bärtiger, halbbekleideter bacchischer Genius mit bekränztem Füllhorn in der Linken, von derbnaturalistischem Ausdruck (27); ein sitzender, mit beiden Händen sich aufstützender nackter Knabe von vollen Formen mit röthlicher, die jugendliche Frische des Fleisches wiedergebender Bemalung (29); mehrere beflügelte Amoretten und Genien, von denen einer (31) einen Hahn, ein anderer (35) eine Fackel, ein dritter (36) eine Taube hält; vorzügliches Bruchstück eines weiblichen, epheubekränzten Kopfes mit aus den Schläfen herauswachsenden Flügeln, weissblau und rosenfarben bemalt (40).

Unten: Halbfigur eines die Doppelflöte blasenden Knaben (42); ein Schauspieler mit komischer Maske und einem Stabe in der Rechten (44); Zwerggestalt mit konischem Hut (45); Carikatur eines Wagenlenkers, der in der Linken einen Palmzweig zu tragen scheint (46); komische Gruppe eines stupiden Mannes, der eine Frau umfasst hält (48); Bacchus als Knabe auf einem Esel reitend (49); bacchischer Knabe auf einem Schwein liegend (50);

Silen mit Füllhorn, auf einem Widder reitend von roher Ausführung (51); Bacchus auf einem Widder reitend mit rother Bemalung (52); Gladiator mit ovalem Schild und zum Angriff eingelegter Rechten vorstürmend (53); Gruppe eines mit einem viereckigen Schilde und einem krummen Messer vordringenden Gladiators, dessen Schild ein zweiter Gladiator, von dem nur eine Hand erhalten ist, gepackt hält (54); bekleidete Priesterin der Ceres oder Ceres selbst mit einem Kuchen in der Linken und einem Ferkel in der Rechten von rothem Thon in vierfacher Wiederholung (56); lascive Gruppe einer nackten Venus und eines ithyphallischen Silen (43).

Schrank 2.

Oben: Stirnziegel, von denen bereits oben (S. 51) gehandelt ist.

In dem mittleren Fache: Bruchstück einer bekleideten Tänzerin in graziöser Bewegung, von rothem, mit grauem Schmutz überzogenem Thon (59); tanzende, ganz bis auf das Gesicht in einen weiten Mantel gehüllte Frau mit rosenfarbener Bemalung (60); weibliche Gewandfigur, die Rechte in die Seite gestemmt und mit der Linken sich auf eine Säule aufstützend, gleichfalls mit rosenfarbener Bemalung (62); weibliche Gewandfigur (63) von vorzüglicher Arbeit und ausgezeichneter Erhaltung in einem Felsengrab Attikas im Jahre 1829 von Prokesch von Osten gefunden: die attische Jungfrau in sittsamer, sinniger Haltung mit leise nach abwärts geneigtem Kopf ist in einen Chiton und in einen weiten, auch die Arme einhüllenden Mantel gekleidet; die vollständig erhaltene Bemalung beschränkt sich auf die rothe Fleischfarbe, welche die jugendlichen Wangen und die durch das Kleid durchschimmernden Arme auszeichnet, die braune Färbung des Haares und die farbigen Streifen der Gewandung, die weiss und grau bei dem Chiton, weiss gelblich und grau bei dem Mantel sind. Ausserdem stehen in dem mittleren Fache noch: drei reizende erotische Gruppen, von denen die eine (66, publicirt von Lützow Münch. Ant. 22) sicher als die Umarmung des Eros und der stumpffittigen Psyche gekennzeichnet ist; eine beflügelte Sphinx von gelblichem Thon und weisser Bemalung (70); drei weibliche Figuren, eine (97) mit einer runden Mütze (Polos) auf dem Haupte, die den Mantel mit der Rechten zur Seite hinaushalten, so dass er einen weiten Bausch bildet.

Unten: fünf beflügelte weibliche Gewandfiguren ohne bestimmte Attribute mit Resten der Bemalung; vorzügliche Terrakotte einer beflügelten Victoria mit Chiton und Diploidion bekleidet, die beim stürmischem Fluge im Winde flattern, in der erhobenen Rechten scheint sie einen Siegeskranz gehalten zu haben, schwache Spuren von Bemalung (69); schwebender nackter Genius von hermaphroditischem Körperbau mit Stäbchen *(κρόταλοι)* in den Händen, aus gelblichem Thon (71); tanzende Jungfrau, mit der Linken zierlich das Kleid hebend, welches ihr über die Schulter herabgeglitten ist (72); bekränzte Frau in ausruhender Stellung mit übereinandergeschlagenen Beinen, die Linke auf eine Säule gestützt, von gelblichem Thon (82).

Dritter Saal.

Schrank 3.

Oben: ein Knabenkopf mit unverhältnissmässig grossem Hinterhaupt (86); vier Frauenköpfe mit hohem Diadem, darunter einer (87) von sehr schönen Formen; Fragment eines Stirnziegels mit einem bemalten Frauenkopf im alten conventionellen Styl (117).

In dem mittleren Fache: eine männliche bekleidete Figur mit spitzem Hut von porträtmässigem Ausdruck, von röthlichem Thon aus Tenedos (91); männliche Gewandfigur des strengen Styls mit spitzigem Bart und runder Mütze, in würdevoller Stellung nach Art der älteren Redner den rechten, vorn mit der Hand ins Gewand gehüllten Arm schräg über die Brust haltend (92); Diomedes mit Chlamys, niederem Helm und rundem Schild bewaffnet und das auf eine Säule gestellte Palladium mit der Rechten fassend in nach links vorschreitender Haltung von vorzüglicher Arbeit mit noch spärlich erhaltener röthlicher Bemalung (93); zwei weibliche Mantelfiguren aus Tenedos von rothem Thon (94); Relieffigur einer bekleideten Frau, welche die Rechte auf eine Säule gestützt hält, von schönem Fluss der Linien (96); weibliche Relieffigur mit schwarzer Bemalung (81); zwei Darstellungen der Diana venatrix mit kurzem, nur bis zu den Knieen reichendem Jägergewand und einem Hund zur Seite, in ruhender, die Beine kreuzender Stellung; in der einen Hand, das eine Mal in der Rechten, das andere Mal in der Linken, hält sie die Fackel, durch die sie zugleich als Mondgöttin bezeichnet wird (98 u. 99); friedenhaltende

Minerva mit an die linke Seite angelehntem Schild in doppelter Replik, das eine Mal hält sie noch mit der Rechten eine Opferschale über einen Altar (100 u. 101).

Unten: drei Darstellungen der aus dem Meere aufsteigenden, schaumgeborenen Göttin Aphrodite in kauernder Stellung vor einer aufgeschlagenen Muschel, deren Theile ihr an dem einen Stück (105) wie Flügel aus dem Rücken herauswachsen; in zwei Repliken (103 u. 105) hält sie in der Rechten eine Opferschale, in der dritten (104) in beiden Händen Metallbecken, die bei ihrem orgiastischen Culte zusammengeschlagen wurden; das letzte Exemplar hat überdies rückwärts einen Griff zum Tragen. Weiter stehen unten eine bekleidete Halbfigur in einer Muschel (106); eine nackte sich an einem Brunnen waschende Venus von rothem Thon (107); nackte Venus mit ithyphallischer Herme zur linken und spielendem Amor zur rechten Seite von roher Ausführung (107); Muse oder Sängerin mit herabwallendem Chiton, Polos und Schleier bekleidet, welche mit der Linken die Phorminx hält, deren Saiten sie mit der Rechten schlägt; der Opferstock zu ihrer Linken scheint darauf hinzudeuten, dass sie als geweihte Sängerin nur an den heiligen Opferfesten ihr Lied ertönen liess; diese schöne Terrakotte von rothem Thon brachte König Ludwig I. aus Tenedos (108); bekränzte Dichterin, die in nachsinnender Stellung die Lyra abwärts hält, indem sie auf die Stimme der göttlichen Begeisterung zu lauschen scheint (109).

Schrank 4.

Oben: ein grosser epheubekränzter Satyrkopf mit Spitzohren und abgeplatteter Nase von guter naturalistischer Behandlung (ein Gegenstück davon aus der Koller'schen Sammlung im Berliner Museum, publicirt von Panofka Terrakotten d. Berl. Mus. Taf. 46); Porträtköpfe aus den etrurischen Gräbern von Vulci; weiblicher Idealkopf mit Diadem und Schleier (111); Fragment eines naturwahr gearbeiteten Wolfskopfes (119).

In dem mittleren Fache: weibliches Köpfchen mit im Todesschlaf geschlossenen Augen (120); Fragment einer Rundfigur von gelblichem Thon (120); pathetisch nach links emporgerichteter Porträtkopf (124, mit der folgenden Terrakotte publicirt von Lützow Münch. Ant. t. 1 u. 33) mit leidendem Gesichtsausdruck, zu dem der halb geöffnete Mund und die über der Stirne zusammengeballten Muskeln stimmen; das von einem Diadem umschlungene Haar ist nach Art der Zeusköpfe hoch über der Stirne aufgesträubt, fällt aber dann auf die Backen in ungeordneten Massen herab; die auch in ihrer skizzenhaften Ausführung den genialen Künstler verrathende Terrakotte hat grosse Aehnlichkeit mit dem gewöhnlich als sterbender Alexander bezeichneten Marmorkopf der florentinischen Uffizien; weiblicher Kopf (123) ähnlich nach links gewandt und von ähnlichem leidenden Ausdruck, aber von ungleich feineren Formen; beide Köpfe des pathetischen Styles, wie er sich in der rhodischen Schule entfaltete, sind nicht als für sich bestehende Köpfe behandelt, sondern bildeten Theile ganzer Figuren und zeigen noch einige Spuren von Bemalung. Weiter stehen in dem mittleren Fache noch: ein bärtiger Greis in gebückter Stellung von guter Auffassung, aber nachlässiger Durchführung (130); Halbfigur eines Mannes mit über dem Kopf zusammengehaltenen Händen, den man wohl nach dem auf dem Scheitel befindlichen Löchelchen als Träger irgend eines dünnen Stabes fassen muss (138); ein in eine Pänula mit zurückgeschlagener Kapuze gehüllter Knabe auf hohem Postament (139).

Unten: eine dreieckige Platte mit dem Relief des Jupiter, der in der Rechten die Schale und in der Linken das Scepter hält, daneben im Felde links der Blitz und rechts ein Altar, von spätrömischer Arbeit (141); Hercules (140, publ. von Lützow Münch. Ant. t. 28) auf einem Felsblock sitzend, mit der um den Hals geknüpften und über den Kopf gestülpten Löwenhaut bekleidet; der ruhende Heros lässt die Rechte, welche sonst die wuchtige Keule schwang, lässig hier herabsinken und trägt in der Linken ein gewundenes Horn, das ihn als Freund berauschender Gelage bezeichnet; die schöne Terrakotte ist mit einer dunkelrothen Farbe überzogen, die sich besonders bei bacchischen Wesen · findet, in deren Kreis Hercules hier eintritt; drei bekleidete Frauen, ein Kind im Busen tragend (132); kleines Figürchen eines Jünglings in ausruhender Stellung (134); Platte mit dem Relief des auf einem Felsen auf der untergebreiteten Löwenhaut sitzenden Hercules, dem die mit Armspangen geschmückte Hebe zu trinken reicht (144)*);

---

*) Publicirt von E. Curtius in Gerhards Arch. Zeitung v. J. 1862 S. 283, und von Kekulé Hebe S. 52, wo Brunn galoppirendes Pferd von weissem Thon, wohl zum Andenken an den Sieg eines Rennpferdes *(κέλης)* gearbeitet (145); schöne bemalte Gruppe eines Mannes und einer Frau, die auf einer Kline liegend eine Schale in der Hand halten, und eines herbeikommenden, nur zur Hälfte erhaltenen Dieners (143); das Motiv der Terrakotte ist den zahlreichen Grabmonumenten mit dem Relief eines Todtenmahles (vgl. Saal I Nr. 739) entlehnt.

Schrank 5.

Oben: verschiedene architektonische Stücke, darunter ein Stirnziegel mit zwei Widderköpfen (147); eine hohle Platte, worauf vorn in Relief ein Schrank dargestellt ist, auf dem Vasen, Salbenfläschchen, Körbe, Schüsseln, Tauben stehen, von sauber durchgeführter Arbeit (115); eine Friesplatte, worauf Akanthusblüthen, mit dem Ansatz des Gesimses (116); braun und gelb bemalter Stirnziegel, auf dem ein phantastisches Wesen, dessen Beine unten in einem Fischschweif endigen und das über den Kopf die Haut einer Fledermaus gestülpt hat (113).

In dem mittleren Fache befindet sich eine Reihe sitzender, bekleideter Frauengestalten, darunter zwei

---

das Relief für eine moderne Fälschung erklärt, zu der Conze in der Arch. Zeitung 1868 S. 78 die Motive aus ächten Antiken nachzuweisen sucht; das Relief ist schlecht aus seiner Form ausgedrückt und beim Brennen vielfach gerissen, überdiess besteht der hintere zur Verhütung von Rissen durchlöcherte Theil (vergl. Nr. 115 im 5. Schr.), auf den die dünne Reliefplatte aufgesetzt und mit dem das Ganze in eine Mauer eingesetzt war, aus verschiedenem Thon.

(148 u. 149), die mit der Rechten den Schleier zur Seite halten und am Busen einen Schwan tragen (Leda); eine ähnlich bekleidete (Persephone) mit einer Frucht in der Linken (150); eine Gäa-Demeter mit dem hohen Polos, auf einem alterthümlichen Throne sitzend und in der Rechten eine Opferschale und in der Linken eine Platte mit Früchten haltend (155); bekleidete Frau mit über den Hinterkopf gezogenem Schleier, ein Kaninchen vor die Brust haltend (152); Kybele mit hohem Polos, ein Tambourin in der Linken haltend (158); eine Kurotrophos die ein Kind säugt (163); reich mit Diadem, Ohrringen und Brustschmuck gezierte Frau (154); sitzende Gruppe eines bekleideten Mannes mit einer Opferschale in der Rechten und einer geschmückten Frau mit einer Taube in der Linken, zwischen ihnen ein kleines Kind (161). Den sitzenden Terrakotten ist auch noch eine sitzende Kybele von Marmor beigesellt mit einem jungen Löwen auf den Knieen, welche bei Gauting unweit Münchens gefunden wurde.

In dem unteren Fache des 5. Schrankes und in den beiden folgenden Schränken steht eine grosse Sammlung aufrecht stehender Gewandfiguren von porträtmässigem Aussehen, an denen die Haltung der Hände und der Wurf des Gewandes in mannigfachster Weise variirt ist.

Ausserdem befinden sich in dem obersten Fach des 6. 7. und 8. Schrankes mehrere grössere, zum grössten Theil architektonische Stücke, und zwar im 6. Schrank: Platte mit rothbemaltem Satyrkopf (233); Maske eines epheubekränzten Knaben mit zum Lachen leise geöffnetem Munde von Gyps

(235); Stirnziegel mit Löwenkopf (241) und bemalter Silensmaske (242); Bruchstück der Gruppe eines Löwen, welcher mit aufgesperrtem Rachen gegen einen Mann losspringt, der seinerseits mit der Waffe in der geballten Faust sich des Ungethüms zu erwehren sucht; von dem Manne, der in knieender Stellung den Ansprung des Löwen erwartet zu haben scheint, ist leider nur der eine Arm bis zu dem Ellenbogen erhalten, ausserdem erscheint über dem Kopfe des Löwen noch der grosse Fittig eines zweiten Thieres (240).

Im 8. Schrank folgen: Fragment eines Stirnziegels (248), mit weiss und roth bemaltem weiblichem Kopf, der ein hohes Diadem trägt und dessen Haare in zierlichen Löckchen über die Stirne gelegt sind; zwei oben im Bogen abschliessende dünne Platten mit den schönen Reliefköpfen zweier Frauen, die den Hinterkopf mit dem Schleier bedeckt haben, und deren eine ein Blatt in der gehobenen Rechten hält, aus den Grübern von Vulci; dieselben waren, wie die Löcher an dem oberen Rande anzeigen, ehedem dazu bestimmt, an einer Wand aufgehängt zu werden (246. u. 247); zwei schöne Halbköpfe, ein männlicher (244) und ein weiblicher (243) im Profil, und ein männlicher rothbemalter Kopf en face (245).

Im folgenden 9. Schrank sind auf den Gestellen des obersten Faches drei weitere weibliche Büsten von rothem Thon aus Tenedos, und eine Reihe männlicher und weiblicher Masken der Komödie angeheftet, die gleichfalls zum grössten Theil dazu bestimmt waren, um vermittelst einer durch die Löcher am oberen Theil gelassene Schnur an d'

Wand eines Grabes, Tempels oder profanen Gebäudes aufgehängt zu werden.

Schrank 8—11 enthalten eine besonders reiche Sammlung von

antiken Thonlampen

die wir hauptsächlich dem unverdrossenen Sammelfleiss und dem feinen Geschmack des Bildhauers Fogelberg verdanken. Fast alle diese Thonlampen stammen, wie wir namentlich aus den Inschriften entnehmen können, aus der römischen Kaiserzeit, in der diese Fabrikation und die Sitte, den Todten Lampen mit in die Gräber zu geben, besonders in Schwung war. Die meisten derselben haben nur eine Schnautze für einen Docht, jedoch zählt unsere Sammlung auch viele zweiarmige Lampen und sogar eine mit 12 Dochtlöchern. Gewöhnlich waren die Lampen dazu bestimmt, um auf einen Candelaber oder sonst einen erhöhten Ort gestellt zu werden, wesshalb sie rückwärts mit einem oft zu einem Halbmond oder zu einer Büste geformten Griff versehen sind, womit sie auf den Candelaber gestellt und von demselben herabgenommen werden konnten. Nur wenige Exemplare sind von vornherein auf einen Fuss aufgesetzt, und stehen vereint in dem mittleren Fache des 8. Schrankes. Der Fuss derselben ist meist mit Reliefs geziert, so Nr. 453 mit einem ithyphallischen Priap und einer darüber ausgespannten Mondsichel, 454 mit einer halbbekleideten Venus, 456 mit einer friedenhaltenden Minerva, 457 mit der zweimal wiederholten Darstellung eines flammenden, von zwei Genien umgebenen Opferaltars. In demselben Fache liegen auch einige zum Hängen bestimmte Lampen, darunter eine (460) mit zwölf im Kreise angebrachten Dochtlöchern und zwei sich kreuzenden Querstangen, um welche die Schnur zum Aufhängen geschlungen ward.

An den übrigen Lampen sind ausser der mitunter höchst eleganten Form, welche durch den feingeschwemmten Thon noch gehoben wird, besonders zwei Dinge zu bemerken: die Inschrift auf dem Boden der Lampe, welche theils im Nominativ, theils im Genetiv den Töpfer oder Fabrikanten angibt, und der mittlere, etwas vertiefte Theil der oberen Fläche, der an den schönen Exemplaren mit mancherlei Relieffiguren verziert ist, welche theils Scenen des gewöhnlichen Lebens wiedergeben, theils Repliken berühmter Kunstwerke darstellen. Mit Rücksicht auf diese Gesichtspunkte sind die Lampen unserer Sammlung folgendermassen geordnet:

Schrank 8 unten: Lampen mit Scenen aus der Arena, die uns theils einzelne bewaffnete Gladiatoren, theils Gladiatoren im Kampfe unter einander oder mit wilden Thieren vorführen, ferner Lampen mit ansprengenden und abgesessenen Reitern (487—492), mit einem Schleuderer, der in der Rechten die Schleuder, in der Linken einen Bogen hält (493), mit beflügelten kranztragenden Siegesgöttinnen, von denen eine (496) ein Viergespann von Maulthieren lenkt, während der Wagenlenker mit der Siegespalme auf dem Boden steht, was sich nach der Inschrift C · ANNIVS LAC | ERTA NICA | CORACI NIC auf ein durch Plinius N. H. VIII, 160 überliefertes Ereigniss bei den Säcularspielen des Kaisers Claudius bezieht, wo ein Gespann, nachdem es den Wagenlenker Corax abgeworfen hatte, nichts desto weniger den Sieg davon trug (erläutert von Detlefsen im Bulletino dell' Instit. di corr. arch. 1861 p. 86); von den Siegeslampen ist ferner durch besondere Schönheit eine von schwarzem Thon (504) ausgezeichnet, worauf die oft wiederholte (siehe Campana Opere in plast. Taf. 85 und Friederichs Bausteine Nr. 493) Darstellung einer knieenden Victoria, welche einen Opferstier beim Siegesfeste schlachtet. Endlich hängen in derselben Abtheilung mehrere sogenannte Neujahrslampen mit einem runden, theils von einer beflügelten Göttin getragenen (500 u. 502), theils von einem doppelten Palmzweig (503) umgebenen Schilde, worauf ANNVM NOVVM FAVSTVM geschrieben steht; die Göttin ist auf der einen Lampe (502) auf einem Throne sitzend mit dem Füllhorn in der Linken dargestellt, auf der andern (500) hat sie die Haltung einer schwebenden Victoria und hält in der Linken eine Palme.

Schrank 9 enthält oben Lampen mit verschiedenen Thierfiguren, so mit einem traubennaschenden Hasen (506), einem von einem Jagdhund angefallenen Eber (515), einem den Dreizack des Neptun im Maule tragenden Delphin (530), einem beflügelten Pegasus (535), einem Hahn neben einer Siegespalme (537), und andere, welche in der Gestalt von Thieren geformt sind, wie Nr. 528 in Form eines Stierkopfes, 532 in der einer Ente, 542 in der eines Delphin.

Unten auf dem linken Gestell: Lampen mit Götterdarstellungen, wie des thronenden Jupiter-Serapis mit dem Modius auf dem Haupte (546), des Mercur auf einem von zwei Widdern gezogenen Wagen (555), der Athene, welche das für die Freisprechung des Orestes entscheidende Stimmsteinchen in die Richterurne wirft (556),*) der friedenhaltenden Minerva (557), der thronenden Magna dea, die mit der Linken ein Füllhorn hält und mit der Rechten eine Schale über einen Altar ausgiesst (558), des strahlenbekränzten Sol und der verschleierten, fackeltragenden Luna (559), der nackten kauernden Venus mit einer einhenkeligen Vase in der Rechten (504), der seitwärts gewandten, eine Büste, die sie in der Rechten hält, liebevoll betrachtenden Venus mit auf den Boden herabgefallenem Gewande, von reizender Auffassung und Behandlung (565).

Auf dem 2. Gestelle folgen sodann Lampen mit Darstellungen aus der Sphäre der Halbgötter und Heroen, worunter eine auf einem Esel reitende Bacchantin, neben der ein Satyr mit Thyrsusstab einhergeht (569); Amazone, die eine sterbende Waffengenossin mit den Armen gefasst hält, mit Benutzung eines Motivs aus dem Kampfe der Lapithen und Kentauren auf dem Friese des Theseustempels (576); eine auf einem die Cymbeln schlagenden Kentauren sitzende Frau (577); Hercules, der das Fell des nemeischen Löwen davonträgt (578); Odysseus, der auf gebrochenem Flosse flehend die Hand nach den am Rande sichtbaren Sturmgöttern ausstreckt (581); Odysseus, der an dem Bauche

---

*) Indess scheint das Mittelstück mit jener Darstellung, zu der das Corsinische Silbergefäss das Motiv bot, modern und in die alte Lampe eingesetzt zu sein.

eines wolligen Widders sich festhaltend der Nachstellung des Polyphem entgeht (580); Chiron, der den Achilles die Lyra spielen lehrt (579); Aktäon von den Hunden der Diana angefallen, nach der bekannten Statue des brittischen Museums (583); Meduse mit umgeknüpften Schlangen und zweifachem Flügelpaar (587).

Schrank 10 enthält oben unbedeutende Lampen mit Füllhörnern, Masken, Muscheln, Büsten, Blätterkränzen, Trauben, Früchten etc.; unten auf dem linken Gestell: Lampen mit den mannigfachsten Darstellungen von Eroten, welche in der römischen Kaiserzeit ein besonders beliebtes Motiv wie für die Poesie, so auch für die Kunst abgaben. Der Amor trägt bald eine Siegestänie (626), bald eine Fackel (628), bald fährt er auf einer Amphora lustig durch das Wasser (637), bald hält er mit seinem Gespielen eine Taube, den Lieblingsvogel seiner Herrin (636), bald schleppt er eine wuchtige Keule fort als der Ueberwinder selbst herculischer Kraft (630); die gleiche, oft in den Anacreontea wiederholte Anschauung ist ausgedrückt in Nr. 632, wo Amor auf einem Löwen sitzt, indem er einen Vogel liebkost; in Nr. 636, wo Amor von einem angebundenen Löwen angefallen wird, und in Nr. 648, wo der schelmische Gott Blitz und Keule fortträgt und mit dem rechten Fuss auf einen mit Pfeilen gefüllten Köcher tritt. Damit sind zusammengestellt Lampen mit dem Genius des Todes, der die Lebensfackel abwärts gewendet hat (631), mit einem Genius, der einen Opferkuchen in der Rechten hält (643), und einem andern, der einen

Farbentopf in der Linken hält und mit der Rechten einen Kreis malt (643 b).

Auf dem zweiten Gestell folgen Lampen mit verschiedenen Darstellungen, wie mit der Büste eines behelmten Kriegers (646), mit einer halbbekleideten Frau, die nachdenkend vor einem auf hoher Basis stehendem Dreifuss sitzt (644*), mit einer auf einem Seethier reitenden Nereide (658), mit einem Faun, der ein Lamm auf den Schultern davonträgt (662).

Schrank 11 enthält Lampen ohne Reliefverzierungen, welche theils durch die eigenthümlichen Formen, theils durch die aufgedrückten Töpferstempel ein Interesse haben. Rückwärts endlich in den letzten Schränken stehen Lampen, die entweder jeder besonderen Bedeutung entbehren oder obscöne Darstellungen aufweisen.

---

*) Das Motiv ist reiner ausgeführt auf einer Paste des Berliner Museums und wurde vielfach, zuletzt von Welcker Alte Denkm. II, 325, und Wieseler Denkm. II, 14, 155 besprochen.

Vierter Saal.

Die Sammlung von antiken Terrakotten setzt sich in dem schmalen Durchgange fort, wo an der beleuchteten Wand und in den einseitigen Pulten die Reliefplatten (τύποι) ihre Aufstellung gefunden haben. Die meisten derselben gehörten zum Schmuck der Friese von Tempeln und Privatwohnungen und zeigen grösstentheils bei schönen Motiven lebensvolle und flotte Ausführung. Das hängt gewiss wesentlich damit zusammen, dass für solche Friese Athen der Hauptort der Fabrikation blieb, von wo z. B. Cicero in einem Brief an seinen Freund Atticus (I, 10) sich die Typen für seine Villa in Tusculum bestellt. Leider sind nur wenige Platten unseres Museums vollständig erhalten, die meisten Stücke sind mehr oder minder grosse Fragmente; indess wird das Verständniss auch dieser Bruchstücke wesentlich dadurch erleichtert und sicher gestellt, dass sich in andern Museen, namentlich in der berühmten ehemaligen Sammlung von Campana ergänzende Stücke oder vollständige Platten erhalten haben. Denn dasselbe Relief wiederholte sich, wie sich dieses bei solchen aus der Form gedrückten Platten von selbst verstand, öfters sowohl an demselben wie an andern Gebäuden. Auch ward das gleiche Motiv in Formen von verschiedener Grösse ausgeprägt, wesshalb manche Stücke unserer Sammlung trotz der Verschiedenheit in dem Thon und in den Grössenverhältnissen zusammmengehören.

Thonreliefs der linken Wand.

301. Zwei Friesplatten von röthlichem Thon mit hervortretendem oberen Rand, gefunden bei Toscanella, und im Style den jetzt in Neapel befindlichen Platten (publicirt in Mus. Borb. X t. 9 — 12) verwandt, die im vorigen Jahrhundert in Velletri gefunden wurden; auf denselben ist in alterthümlichem, von griechischem Einfluss entschieden beherrschtem Styl ein kriegerischer Aufzug dargestellt, der sich auf der einen Platte nach rechts, auf der andern nach links bewegt: ein mit Helm, Schild und Lanze bewaffneter Krieger steht im Begriffe, auf einen von zwei Rossen gezogenen Streitwagen zu steigen, auf den bereits der Wagenlenker aufgestiegen ist, der in steifer Haltung die Zügel der Pferde hält; der Biga voran gehen zwei gleich bewaffnete Krieger und ein Lictor mit dem Krummstab; die letztere Figur fehlt auf dem nach links gewandten Zuge, der aber im Uebrigen weit besser erhalten ist; auf beiden Platten sind Löcher vorhanden, die zur Befestigung des eingesetzten Frieses dienten.

503. Bemalte, oben mit Eierstab abschliessende Platte, worauf in entwickeltem Styl ein Greif dargestellt ist, dem ein Arimaspe in orientalischem

Costüm aus einem doppelhenkeligen Krug Wasser in eine Schale zum Trinken giesst, während das Thier die eine Pfote zu jener Schale erhoben hat. Die gleiche Darstellung auf einer Friesplatte des brittischen Museums und der Sammlung Campana (siehe Taylor Combe Descript. of the coll. of anc. terrac. N. 11, und Campana Opere in plast. t. LXXIX) zeigt, dass auf der vollständigen Platte dasselbe Motiv zweimal, und zwar in entgegengesetzter Stellung vorkam.

504. Reliefplatte unten mit Palmetten, oben mit Eierstab abschliessend, worauf ein nach rechts im Fluge gewandter Genius von hermaphroditischer Bildung, der den mit einer Tänie umwundenen Siegeskranz in der Rechten und einen runden Schild nebst dem Stengel einer Palme (?) in der Linken hält, von flotter Behandlung, die sich namentlich in den fliessenden Linien des Gewandes ausspricht, mit Spuren der Bemalung. (Aehnliches Relief in der Sammlung Campana Op. t. LXXXVIII, in Berlin Panofka t. XXX, und im brittischen Museum Combe t. XXXVI)

293. Fragment einer Friesplatte mit dem lebensvollen Relief eines von einem Löwen angefallenen Ebers.

305. Grosse Reliefplatte in Stucco aus der vigna Ammendola bei Rom, worauf ein umfriedigtes Columbarium, neben dem ein flammender Altar, und vor dem eine hohe Pinie steht; von vorn ist der Todtenstätte ein Jüngling genaht mit einem Kranz in der Rechten, der den Manen des Todten geweiht werden soll (publ. von Brunn in Ann. d. Inst. 1849 tav. M.).

411 u. 412. Zwei Platten mit Voluten, die eine breite Maske und einen beflügelten schönen Medusenkopf umranken.

413. Vorderstück einer etrurischen Aschenkiste mit einer Kampfscene, wobei ein Kämpfer von einem andern (Echetlos?) mit einer Pflugschaar zu Boden geworfen wird.

414. Drei zusammengehörige Platten eines Frieses, von denen zwei moderne Nachbildungen zu sein scheinen, mit der oft wiederholten Darstellung des Weinlesens und Weinkelterns; auf dem einen Relief brechen zwei Satyrn Trauben in ihre Schürze, während zwei bereits mit Trauben hoch gefüllte Körbe vor ihnen stehen; auf dem andern treten zwei Satyrn den Wein mit den Füssen aus, indem sie einen Kranz mit den Händen fassend sich im Kreise drehen; hinter denselben zur Linken bläst ein junger, gleichfalls mit dem Pantherfell bekleideter Satyr die Doppelflöte, indem er den rechten Fuss zum lustigen Tanze hebt, während auf der andern Seite ein alter glatzköpfiger Silen einen neuen Korb mit Trauben herbeibringt. (Siehe Welcker Alte Denkm. II, 113.)

Ausserdem hängen an der Wand 10 Abbildungen antiker Wandgemälde, welche im Jahre 1838 in einem Columbarium der Villa l'amfili bei Rom entdeckt und von Carlo Ruspi im Auftrage König Ludwigs I. copirt wurden. Dieselben stellen im gesunkenen Styl der römischen Kaiserzeit mehrere Scenen aus dem Leben und dem Mythus ohne irgendwie erkennbare Beziehung zur Grabesstätte dar, nämlich in der oberen Reihe von links angefangen: Pygmäen mit einem Krokodil, gezähmte Giraffe und Antilope, Perlhuhn und Gans neben Früchten, zwei Landschaften, Oknos mit dem Esel der das von jenem in endloser Thätigkeit geflochtene Seil auffrisst, schlafender Endymion, Prometheus durch Hercules vom Geier befreit, Niobe und ihre Kinder getroffen von den Pfeilen des Apoll; in der mittleren Reihe zur Seite des Stuccoreliefs: Odysseus mit dem Hund, und ausgelassene Tänzer; endlich in der unteren: Scenen des Unterrichtes im Lesen und Declamiren, Bestrafung der Dirke, Hercules im Kentaurenkampf, tanzende Gruppen, Scene aus einer Tragödie, Kindermord in einer Palmengegend, Eierweissagung, Gelage beim Mahl. (Publicirt und erläutert von O. Jahn in den Denkschriften der bayr. Akad. I. Cl. 8. Bd.)

Pulte an der Langwand.

Pult 1. Bruchstück einer schreitenden Frau, bekleidet mit einem feingefältelten wollenen Aermelchiton, der die rechte Seite des Kleides offen lässt (269); weibliche Relieffigur in ähnlicher Haltung und Kleidung mit Resten gelber Bemalung (370); Bacchantin, die mit der Linken den Mantel in die Höhe hebt und in der Rechten einen Thyrsusstab hält, nach der vollständig erhaltenen Platte des brittischen Museums (siehe Combe Descr. Nr. 30) gehörte die letzte Figur zu der Gruppe einer Bacchantin und des von seinem Panther begleiteten Dionysos (271); zwei zu einem Fries gehörige Platten, auf dem in die durch canellirte Säulchen getrennten Felder Götterbilder gestellt waren; auf den beiden uns erhaltenen Bruchstücken steht ein jugendlicher Hercules mit über den linken Arm geworfenem Löwenfell, und ein Mercur, der die Chlamys über die Schulter geworfen hat und in der Rechten den Beutel, in der Linken den Heroldstab hält; beide Götterbilder stehen auf hoher viereckiger Plinthe; von dem dritten Felde ist der Theil einer bacchischen Herme erhalten (272 u. 273); zwei zu einer Platte gehörige Bruchstücke, die nach dem unversehrt erhaltenen Exemplar der Campana'schen Sammlung (siehe Campana Op. in plast. XLVI, und vergl. Winckelmann Mon. ined. 95 und Combe Descr. 27) eine Scene der bacchischen Mysterien darstellte: eine jugendliche Frau in hockender Haltung und mit auf die Beine herabgefallenem Gewand bringt der Göttin der Sittsamkeit (Αἰδώς) ein Opfer dar, indem sie dieselbe an dem Zipfel des Mantels fest zu halten sucht, diese aber wendet sich im Fluge von dem unreinen Opfer ab, während von hinten ein ithyphallischer Jüngling naht (274 u. 275); Bruchstück einer Platte mit einer Europe, die fast ganz nackt in hockender Stellung ihren Stier liebkost; bei der guten Erhaltung des ausgezeichneten Kunstwerkes ist die gelbliche Farbe des Körpers und die röthliche des rückwärts in einen Knoten gebundenen Haares noch erkennbar (276); Relief eines beflügelten Amor, der auf einem Delphin reitet (277); Bruchstück einer auf einem Seethier reitenden Nereide (278); zwei Platten mit einem in einen Fischleib endigenden Löwen, den auf der einen ein Knabe, auf der andern ein Mädchen lenkt (279). (Aehnliches Thonrelief bei Campana Op. t. XLI.)

Pult 2. Relief eines Jünglings mit rückwärts geworfener Chlamys, der in der Rechten einen langen Stab hält (280); Fragment eines bärtigen Dädalus, der an einem Flügel arbeitet (281); zwei zusammengehörige Platten mit der ganz ähnlich auf einer gut erhaltenen Thonplatte der Campana'schen Sammlung (siehe Campana Op. in plast. XX, und Welcker Alte Denkm. II, 300) vorkommenden, offenbar nach einem berühmten Original des strengen Styls copirten Darstellung vom Dreifussraub des Hercules; auf unsern beiden Bruchstücken ist der mittlere Theil des den Dreifuss festhaltenden Apoll mit den Insignien des Gottes, Pfeil und Bogen, im Felde, und der nach dem Dreifuss greifende Hercules erhalten; an dem letzteren ist die um den Hals geknüpfte und auf den Rücken herabfallende Löwenhaut gelb, der gestickte Gürtel rosenfarben und die Keule roth bemalt (282 u. 283); schönes Fragment eines epheubekränzten jugendlichen Bacchanten, der gesenkten Hauptes nach links schreitend mit der erhobenen Rechten das rückwärts wallende Gewand fasst und in der Linken den Thyrsus hält (284); oberer nackter Theil eines Apollo citharoedus mit in einen Knoten gebundenem Haar, der mit dem Plektron die Lyra schlägt (285); Bruchstück von Marmor mit einer beflügelten in einen Aermelchiton gekleideten Göttin, deren Haupt mit einem hohen Diadem geziert ist, und die in der Linken eine Frucht und in der Rechten einen Stengel hält (286); bemalte Wandplatte mit einer beflügelten Sphinx, die in flachem Relief von weissem Thon sich von dem violetten Grund abhebt (287); Bruchstück eines pompejanischen Wandgemäldes (290) mit einer schwebenden bekleideten Frau auf gelbem Grunde; viereckige bei Rosarno in Calabrien gefundene Votivtafel (publ. von Michaelis in Ann. dell' Inst. 1867, tav. D) des strengeren Styls mit dem spitzbärtigen, durch Petasus und Kerykeion ausgezeichneten Hermes und der in Aermelchiton und Himation gekleideten Aphrodite, die in der vorgestreckten Rechten eine Granatblüthe zierlich gefasst hält, während ein beflügelter, auf dem Arm der Göttin stehender Eros die rechte Hand nach dem Hermes ausstreckt; zwischen den beiden sich gegenüberstehenden Göttergestalten ist die Spitze eines Weihrauchstockes erhalten, der die sacrale Bedeutung der Terrakotte andeutet, und oben an den Ecken befinden sich zwei Löcher, durch welche die zum Anheften nöthigen Stifte gingen (288).

Pult 3. Friesplatte mit einem Eierstab abschliessend, worauf in hohem Relief ein gehörnter Panskopf (295); ähnliche Platte mit einem epheubekränzten Silenskopf und einem mit einer Tänie umwundenen Thyrsusstab (296); oblonge Platte, (h. 0,12, br. 0,22), die ehedem in eine Wand eingemauert war, mit dem schönen Relief von zwei Greifen, die ein Pferd von beiden Seiten anfallen, darunter die Inschrift ΣΙΜΟΣΚΙΑ ΓΙΝΕΙ, nach der es wahrscheinlich ist, dass unser Motiv ursprünglich für den Schmuck irgend einer Trinkschale bestimmt war (294)*); Bruchstück einer

---

*) Eine ganz ähnliche Darstellung ohne die Inschrift befindet sich auf der Seite eines Sarkophags aus Vulci (publ. von Brunn in Mon. dell' Instit. VIII,·t. XVIII), und mit der richtiger

beflügelten Chimäre mit Löwenkopf und Ziegenhörnern (297); Schild mit Brustbild der Diana, welche über den Halbmond den Schleier gezogen hat (292); grosses Terrakottenrelief mit einer die Zunge herausreckenden Meduse, die mit hohem, reich ornamentirtem Diadem geschmückt ist (298); alterthümlicher Medusenkopf auf einer Scherbe von schwarzem Thon (300); grosse Reliefplatte mit zwei Kindermasken (299).

Pult 4 enthält mehrere kleinere Terrakotten; Bruchstück eines mit schwarzem Firniss überzogenen Gefässes in der Form eines hockenden Negers, der auf dem Rücken eine Amphora trägt (328); eine Doppelbüste des Jupiter-Serapis mit dem Modius und der Isis mit dem Halbmond über der Stirn und dem auf der Brust in einen Knoten geknüpften Gewande (338); Fragment der schönen Statuette einer knidischen Venus von Marmor mit dem auf eine Vase zur Linken herabgefallenem Gewand (337); 14 durchlöcherte Spindelknöpfe aus den Gräbern von Vulci (342); zwei Formen aus Kalkstein zum Giessen von antiken Siegeln (306 u. 307); vier Lampenformen (308—311), von denen eine (311) mit dem Töpfernamen VICTORIAN eine moderne Fälschung ist; Form zu dem vorderen Theil einer weiblichen Mantelfigur (312); Form zu einer tragischen Maske, neben der eine aus derselben oder doch aus einer ganz ähnlichen Form gegossene antike Maske liegt (313); bronzene Form eines Eier-

---

geschriebenen Inschrift ΣΙΜΟΣΚΙΑ ΓΙΝΕ auf einer Thonplatte der Sammlung des Vicomte de Beugnot (siehe de Witte Collection d'ant. de Beugnot Nr. 228 und C. I. Gr. 6473).

stabs (314); die zwei Theile der bronzenen Form eines Schwertgriffes, die im Jahre 1844 bei Erlingshofen im Landgericht Kipfenberg gefunden wurden.

Pult 5 enthält eine grosse Anzahl zum Theil reizender Köpfchen von Terrakottenfiguren, wie wir deren viele in den Schränken des 3. Saales aufgestellt fanden; ferner eine Reihe von komischen Masken und Medusenköpfen, von denen mehrere ursprünglich das Mittelstück des oberen Lampentheiles bildeten, endlich mehrere Vasenfragmente mit aufgedrücktem Relief, darunter eine Frau, die einen Mann auf eine Kline zieht (402), ein Mann mit zurückgeworfenem Gewand, der einen Dreifuss (?) wegträgt, und in dessen Rücken ein Lorbeerbaum steht (404), eine Venus, die halbbekleidet auf einer Kline ruht und ein grosses Fruchthorn vor sich hat, mit dem sich zwei beflügelte Eroten beschäftigen (405).

Pult 6. Bruchstück einer Aschenkiste mit dem Brustbild einer reich geschmückten Frau (423); hoher Deckel einer Büchse mit einer bacchischen Maske (424); drei oben durchlöcherte Pyramiden, die dazu dienten, an dem alten Webstuhl die Fäden des Aufzugs straff herunterzuziehen (424—426); 15 geschmackvollst ornamentirte Bruchstücke antiker Vasen (431); Gesimsstück mit einer Maske zwischen Voluten und mit Resten rother Bemalung (417); verschiedene Bruchstücke mit männlichen und weiblichen Masken.

Pult 7 endlich umfasst neben einer Anzahl antiker Steinfragmente, darunter des Torso eines archaischen Apoll von Porphyr (433), und der Reliefgruppe eines jugendlichen Satyr und eines alten Bacchanten von Marmor (440 b), den Deckel einer archaischen Vase mit Löwen und Hirschen, braun auf grauen Grund gemalt (448); den Gypsabdruck einer kyprischen Schale mit der merkwürdigen Reliefdarstellung der Thaten des tyrischen Hercules (450) und das Bruchstück einer in Ninive ausgegrabenen, und durch den berühmten Reisenden Dr. Roth überbrachten Relieffigur aus Alabaster, die mit einer Reihe von andern Männern an einem Seil gehalten zu haben scheint.

Marmordenkmale an der rechten Wand.

Auf der andern Seite des Durchgangs steht in der Ecke ein grosser Mühlstein aus Pompeji (835); in der Mitte zwischen den beiden Fenstern ein Grabdenkmal des Hiras aus dem ionischen Erythrä in Kleinasien, worauf der Todte in würdiger Haltung dargestellt ist, wie er aus der halbgeöffneten Thüre der Cella in das Prostylium seines Heroon getreten ist (841, publ. von Christ in den Sitzungsb. der bayr. Akad. vom J. 1866 S. 242 ff.); neben ihm zur Rechten steht eine Herme, die vielleicht auf die dem Todten zuerkannte Ehre der Bekränzung hinweist; ausserdem ist der Verstorbene von zwei Dienern begleitet, die ihrer untergeordneten Stellung entsprechend in kleineren Proportionen gebildet sind, und von denen der eine einen Bündel von Rollen, der andere ein Instrument der Palästra trägt. In der entgegengesetzten Ecke ist ein römischer viereckiger Altar des Jupiter Arubianus aus Salzburg mit der auf die Weihung bezüglichen

Inschrift aufgestellt (847, publicirt von **Hefner** Römisches Bayern Nr. XXII).

An der Wand selbst sind befestigt: eine bruchstückweise erhaltene Reliefplatte mit einer Victoria, der von moderner Hand Flügel einer Psyche angefügt sind (836); ein Grabstein des Nikolaos (840); ein Grabstein des Eutaktos (842); Marmorplatte mit einer Opferscene in hohem Relief: ein bekleideter Mann streut aus einer Büchse Weihrauch auf einen Opferstock, hinter ihm ein Opferdiener (camillus) mit Kanne und Opferkuchen, gegenüber eine in den Schleier gehüllte Frau vor einer auf einem Dreifuss stehenden cista mystica, trockene römische Arbeit (845); Grabstein mit der auf derartigen Denkmalen oft wiederholten Darstellung eines letzten Abschiedes (846).

Fünfter Saal.

Der fünfte Saal umfasst neben mehreren Nachbildungen antiker Gebäude und Kunstwerke den untergeordneten Rest der Gegenstände von gebrannter Erde und die kostbare Sammlung römischer Gläser. In Kork sind nachgebildet:

der Triumphbogen des Constantin;

das pyramidenförmige Grabdenkmal des Cestius;

das sogenannte Denkmal der Horatier und Curiatier in Albano;

das Haus des Salustius in Pompeji;

Basilika des Constantin, erbaut auf der Stelle des Friedenstempels in Rom;

ein Theil des grossen dorischen Tempels von Selinunt (über der Thüre).

Daran reiht sich die von dem verstorbenen Bildhauer v. Launitz in Gyps ausgeführte Nachbildung der Akropolis in Athen.

In der Mitte der Langwand oberhalb des Friedenstempels sind in farbigem Gyps nachgebildet und auf einen modernen Panzer befestigt die bei Lauersfort in Rheinpreussen gefundenen phalerae eines römischen Offiziers.

Auf den Schränken stehen beim Eingang: die grosse Büste eines bärtigen Mannes mit einer Mauerkrone von Bronze, an der die Brust von Gyps ergänzt ist (851); daneben die Torsos einer Diana (853) und eines Apollo sauroktonos (852) von Marmor; auf dem Boden zur Seite der Schränke sind die halblebensgrossen Statuen des Telesphoros mit dem charakteristischen Kapuzenmantel (850) und eines schlecht ergänzten Aesculap (851 b) aufgestellt. Auf der entgegengesetzten Schmalseite steht auf den Schränken die Copie des farnesischen Hercules in Bronze (858); ein hockender Knabe von gebrannter röthlicher Erde (856) und zwei stark ergänzte Marmorstatuetten einer Diana venatrix (855), und eines Apoll mit der Leier (854).

Schrank 1 enthält in dem obersten Fache eine Reihe von Tauben, Hähnen, Hunden, sitzenden Müttern mit zwei Kindern an den Brüsten (deae matres) aus weisser, kreideartiger Masse von roher, halbbarbarischer Form, die auf dem Birgelstein bei Salzburg ausgegraben wurden; ähnliche noch besser erhaltene Figuren der Art befinden sich in dem Museum von Salzburg, und repräsentiren die ungelenke Technik und die religiösen Anschauungen, die sich unter dem Einfluss der Römer bei der einheimischen Bevölkerung der Donauländer entwickelt hatten. Im mittleren und unteren Fache stehen mehrere Votivfüsse und Votivhände aus grobkörnigem Thon, die grösstentheils aus den etrurischen und campanischen Städten Cervetri, Vulci, Calvi stammen; eine gleiche sacrale Bedeutung hatten wohl auch die daneben liegenden Exemplare von Eingeweiden aus ähnlichem Thon.

Schrank 2 zeigt oben mehrere Griffe und Löffel von Bein, und Theile von Flöten, die ganz gewöhnlich im Alterthum, wie schon die antiken Namen αὐλοί und tibiae besagen, aus Knochen gemacht waren. In dem mittleren Fache folgen zahlreiche schöne Exemplare von farbigen Architekturfragmenten, die grösstentheils König Ludwig I. auf seinen Wanderungen in Italien und Griechenland gesammelt hatte, so aus dem Tempel von Aegina (954), aus Tirynth (963), aus dem Parthenon (965), aus Tusculum (955), aus den Thermen des Titus (962), aus Pompeji (961), und aus Nassenfels (966 u. 967). Weiter unten folgen verschiedene architektonische Fragmente von griechischen Tempeln, worunter zwei mit Mäandern bemalte Marmorplatten aus dem athenischen Parthenon unsere besondere Aufmerksamkeit verdienen; daneben liegen in einem Etui (972) Zapfen und Kapseln von Holz, die zur Befestigung der Säulentrommeln am Parthenon dienten.

In der unteren Abtheilung des Schrankes befinden sich ausser weiteren architektonischen Bruchstücken Holzfragmente von einem Schiff des Tiberius (978), welches auf dem Lago di Nemi einen schwimmenden Garten getragen haben soll, und mehrere Schachteln mit verkohlten Bohnen, Pignolen, Linsen, Zwetschen, Getreidekörnern aus der unter der Lava begrabenen Stadt Herculanum.

Grosser Langschrank in der Mitte des Saales; auf demselben stehen oben mehrere grössere Thonbüsten von porträtähnlichem Aussehen, und ein zwar flüchtig modellirter, aber geistreich aufgefasster Zeuskopf (863). In der untern Abtheilung sind eine Menge antiker Vasen von verschiedener Form aufgestellt, die aber fast alle nur handwerksmässige Erzeugnisse sind und in unserer Stadt, die sich der auserwählten Vasensammlung König Ludwigs in der alten Pinakothek erfreut, nur wenig anziehen können. Die besten Stücke sind in die erste Abtheilung des pultartigen Aufsatzes gelegt, darunter zwei von ungewöhnlicher Bedeutung, nämlich ein

bemalter Trinkbecher (1035) von fein geschwemmtem Thon mit einem an einen gehörnten Pauskopf ansetzenden Henkel, in der Form eines barbarischen carikaturmässig behandelten Kopfes mit Spitzbart und goldenem Schmuck in den beiden Ohren und in der Nase, aus der Sammlung des Fürsten Poniatowsky.*)

Feldflasche (1034) von feinem gelblichem Thon mit zwei Henkeln zu beiden Seiten des Ausgusses, wodurch der Riemen zum Umhängen des Gefässes gesteckt wurde; die Mitte des platten Bauches ist auf beiden Seiten mit der öfters wiederholten Reliefdarstellung**) des Kampfes der

---

*) Für die Aechtheit des einzeln, namentlich des goldenen Schmuckes kann nicht eingestanden werden; ähnliche Becher in Form von Köpfen aus Apulien siehe bei Gargiulo Raccolta del Real museo burbonico II, 11.

**) Ein ganz ähnliches Gefäss aus Ruvo in der Provinz Bari war im Besitz des Raff. Gargiulo und wurde von demselben in der Raccolta II, 7 publicirt; das gleiche Motiv an den Henkeln einer ruveser Vase der Sammlung Campana, findet sich publicirt in den Mon. dell' Inst. V, 11, und erläutert in den Ann. 1849 S. 352 von L. Schmidt; auch in der Sammlung der Würzburger Universität findet sich eine ähnliche Scheibe, siehe Urlichs Verzeichniss Nr. 22 S. 31.

Minerva mit einem schlangenfüssigen Titanen geziert; auf der einen Seite hat die vollständig mit Helm, Schild und Schwert bewaffnete Göttin den beflügelten Unhold bereits überwältigt, indem sie ihm den rechten Fuss auf den Rückgrat setzt und ihn mit der bewaffneten Rechten am Kopf gepackt hält; auf der andern Seite hingegen ist der Titane unbeflügelt und wird uns eine frühere Scene des Kampfes vorgeführt, indem sich der Titane mit der zum Wurfe ausholenden Rechten gegen die Göttin zu wehren sucht; dieses zweite Relief ist jedoch erst später eingesetzt und zwar so, dass die Fugen der Einsetzung schlecht verschmiert sind.

Ausserdem stehen in derselben Abtheilung drei Trinkhörner (1059—1061) in der Form von Reh- und Stierköpfen; ein Tintenfass (1013); ein altgriechisches, bei Korinth gefundenes Gefäss mit kugelrundem Boden und einem Oehr am Hals zum Aufhängen; auf dem Bauche sind in drei Reihen phantastische Thiere schwarz und roth auf gelbem Grund gemalt (1046); mehrere altetrurische Vasen von schwarzem Thon mit eingepressten Figurenornamenten aus den Gräbern von Chiusi; eimerartiges Gefäss von schwarzem Firniss mit einer eingeritzten Reihe von phantastischen Thieren (1044); zwei schöne doppelhenkelige, mit schwarzem Firniss überzogene Schalen, auf deren Boden der bekannte syrakusanische Münzstempel der Nymphe Arethusa sich befindet (1037 u. 1038); zwei schwarze einhenkelige, den Lampen ähnelnde Badegefässe (1074 u. 1048) mit einem ausruhenden Hercules und einer gehörnten Maske auf der oberen Fläche.

In dem unteren Theile des Schrankes sind überdiess auf der den Fenstern zugekehrten Seite mehrere römische Backsteine mit den Rundstempeln der Ziegeleien aufgestellt; sodann zwei höchst denkwürdige architektonische Bruchstücke, eines von rosso antico mit Schneckenornament (1022) und eines von Kalkstein mit einem Eierstab (1028) von dem Schatzhaus der Atriden in Mykene; und mehrere grösstentheils gefälschte Aschenurnen von Glas aus dem Birgelstein in Salzburg, die, soweit sie antik sind, in den grossen steinernen Urnen standen, welche in dem 3. Saale unter den Schränken stehen.

An die besprochenen Werke aus Thon reihen sich noch einige grössere an, welche auf der Brüstung der Fenster stehen, nämlich eine etrurische Aschenkiste von Thon, auf deren Deckel eine liegende, reich geschmückte Frau, und auf deren Vorderseite die oft wiederholte Darstellung des Zweikampfes zweier bewaffneter Krieger (Eteokles und Polynikes) gebildet ist (864); eine kleinere Aschenkiste mit einer liegenden Frau auf dem Deckel und einer Abschiedsscene von Mann und Frau auf der Vorderseite; auf dem vorspringenden Rande steht eine aufgemalte Inschrift in etrurischer Sprache (865); Fragmente einer etrurischen Aschenkiste mit stehenden, nur in ihrem unteren Theil erhaltenen Figuren (866); ein grosses Geräthe von röthlichem Thon, auf dessen rund umlaufendem Rand vorn zwei Sphinxe und hinten in der Mitte die Gruppe eines mit einer Sphinx kämpfenden bärtigen Mannes aufgesetzt ist (867).

Schrank 6 enthält eine Sammlung von 140 Abraxen mit mysteriösen gnostischen Darstellungen in Thon und Sandstein; eine ins Einzelne gehende Beschreibung erscheint um so weniger angezeigt, als die meisten Stücke, wenn nicht alle, moderne Fälschungen sind.

Gefässe aus Glas.

Durch den Ankauf der Dodwell'schen Sammlung hat unser Museum auch eine reiche Repräsentation der antiken Glasfabrikation erhalten, die bekanntlich von Sidon in Phönizien ausging und sich von da über Aegypten zur Zeit der Ptolemäer und später auch über Italien verbreitete. Jener Stock der Sammlung wurde nachher noch durch einzelne Ankäufe erweitert, namentlich der zahlreichen, in den Schränken 3—5 aufgestellten Balsamgefässe aus Pompeji, und des kostbaren

diatretischen Bechers (1149) in der zweiten Abtheilung des pultartigen Aufsatzes des langen Mittelschrankes; derselbe wurde in Köln bei den Ausgrabungen auf dem St. Petersfriedhof in einem Sarkophag neben einem Skelette gefunden (publ. von Urlichs in den Jahrb. des Rhein. Alterthumsvereins Heft VI S. 377 ff.), und gehört zu den wenigen Repräsentanten der den Alten eigenthümlichen diatretischen Glasfabrikation; der untere Theil des Bechers ist von einem Netz umgeben, das mit dem Kern des Gefässes durch kleine Stäbchen verbunden ist, welche der Arbeiter bei der Herausarbeitung des Netzes stehen liess; oben näher dem Rand läuft ringsum in ähnlichen Glasstäbchen die Inschrift BIBE MVLTIS ANNIS d. h. trinke viele Jahre!

Ausserdem befinden sich in jener Abtheilung mehrere Schalen und Becher von grünem Glas und ausserordentlicher Leichtigkeit, darunter eine Schale (125) mit Riefeln am unteren Theile des Bauches zum Einsetzen der Finger; mehrere Schalen und Krügelchen von buntem, mosaikartig gestaltetem Glasfluss; ein Paar schöner buntfarbiger, auf eine gläserne Scheibe aufgesetzter Rosetten von Thonmosaik aus Pompeji (1279); mehrere Masken, Thier- und Menschenköpfe und kleine Büsten aus weissem und farbigem Glas, von denen einige, wie die zwei bärtigen Köpfe mit hohem Kopfputz aus Pompeji, andere, wie die Panthermaske von weissem Glas (1280) aus den Gräbern von Cervetri, dem alten Caere, stammen; mehrere Henkel mit eingedrückten Stempeln (1283, publ. von Hefner Röm. Bayern Nr. 599 ff.).

Von hervorragendem Interesse sind noch die Bruchstücke altchristlicher Glasgefässe (1277), die angeblich aus den römischen Katakomben stammen, sicherlich aber nach dem Styl der Figuren und der Form der Buchstaben in das 9. bis 10. Jahrhundert herabgerückt werden müssen; eines jener Stücke ist von weissem Glas und stellt in ganz flachem Relief ein auf einer gewundenen Säule stehendes griechisches Kreuz vor, in dessen Feldern Sterne und die Buchstaben A und Ω angebracht sind, und das mit einem von zwei Frauen rechts und links gefassten Kranze umgeben ist. Die andren kleineren Stücke, von denen das eine mit den Apostelfürsten Petrus und Paulus am bedeutendsten ist, sind so gearbeitet, dass die Figuren und Buchstaben in Gold zwischen zwei Glasplättchen gelegt sind, eine Technik, die nicht blos in der ältesten christlichen Glasmalerei allgemein verbreitet war, sondern sich auch an Gläsern aus einem heidnischen Grab von Canosa und an andern Gläsern des römischen Alterthums (siehe Heydemann in der Archäol. Zeitung 1869 S. 37 und vgl. De Witte Coll. d'antiquités de Beugnot Nr. 158) nachweisen lässt.

Aegyptischer Saal.

Die hier untergebrachten Stücke sind ausführlicher beschrieben in meinem vor fünf Jahren (1865) erschienenen Werke: „Erklärendes Verzeichniss (Catalogue raisonné) der in München befindlichen Denkmäler des ägyptischen Alterthums" von Dr. Franz Joseph Lauth, Prof. honor. an der kgl. Universität, ausserordentlichem Mitgliede der Akademie der Wissenschaften und Conservator dieser ägyptischen Sammlung. Die neue Aufstellung, eine Folge der Verbindung des früheren kgl. (Residenz-) Antiquariums mit der ägyptischen Abtheilung der Vereinigten Sammlungen unter den Arkaden an der Galerie-Strasse, hat eine Zusammenziehung beziehungsweise Umarbeitung meines Katalogs nothwendig gemacht, die hier als Anhang zu dem Verzeichnisse des Herrn Conservators Dr. Christ erscheint. Indem ich mich, was die historische Entstehung dieses Theiles der Sammlung betrifft, auf das im Vorwort von meinem Collegen Geäusserte zurückbeziehe, schicke ich hier schlüsslich nur noch die Bemerkung voraus, dass die ägyptischen Alterthümer besonderen Werth und erhöhte Aufmerksamkeit wegen ihres inschriftlichen Reichthums beanspruchen, zu welchem drei neuentdeckte und von mir aufgerollte Papyrusrollen in den letzten Tagen einen namhaften Beitrag geliefert haben. Der Rundgang beginnt mit den auf dem Boden des Saales aufgestellten Nummern.

Sarkophage und Mumien.

Beim grossen Portale, das nur wegen des sonst entstehenden Windzuges geschlossen gehalten wird, liegt

1. die Mumie eines heiligen Apisstieres, der als Incarnation und Symbol des 25jährigen Cyclus sich erklärt — er ist ein Geschenk des Herrn Dr. Pruner-Bey und stammt vermuthlich aus dem Serapeum bei Saqarah, wo seitdem durch Mariette 64 andere Apis sammt Inschriften auf Stein gefunden worden sind.

Die Reihe der Sarkophage, sämmtlich aus (Sykomoren-) Holz, eröffnet

2. der Sarg einer gewissen Nesnohemait. Er ahmt die Gestalt einer Mumie nach, gehört in die XXVI. Dynastie (600 v. Chr.) und enthält in schön eingeschnittenen Hieroglyphen das 72. Capitel des Todtenbuches, welches handelt „von der einstigen Auferstehung und Durchwanderung des Tartarus". Die Mumie fehlt. Dagegen entbehrt die in Nr. 3, einem modernen Kasten, liegende weibliche, ganz entkleidete Mumie, gegenwärtig ihres Sarkophages; indess nach dem inneren Deckel (4 a), der früher darauf lag, zu schliessen, gehörte sie zu

4. Sarkophag, auf welchem der Name

Hontentoti, Priesterin des Amon steht. Man bemerke an den Seitenwänden die schön geschriebenen und sorgfältig bemalten Textcolumnen, welche die unterhalb befindlichen bildlichen Darstellungen aus der Unterwelt mit ihren Strafen begleiten. Aus derselben Gegend (Theben) und Zeit (XIX. bis XX. Dyn.) stammt

5. der Sarkophag des Amonspropheten Chensu-m-renpa „der Mondgott in seiner Verjüngung". Auch dieser bietet, besonders in der oberen Randinschrift, wichtige Aufschlüsse über die Götterlehre.

6. Ein Sarkophag mit Mumie, die sich leider zu zersetzen beginnt, ebenfalls aus Theben stammend, wird durch eine Spur von demotischer Legende hinter Dyn. XXVI (600 v. Chr.) versetzt. Der innere Deckel, reich verziert, soll ein umhüllendes Gewand nachahmen, wie es der Verstorbene Uerbakscheto im Leben trug.

Die Gewinnsucht der arabischen Fellahs ist Schuld, dass in

7. dem Sarkophag eines thebanischen Amonspriesters Namens Amenemwa aus Theben (XVII. Dyn., 1700 v. Chr.) sich gegenwärtig die Mumie einer Frau: Himetpsenmonth*) befindet, welche, nach den drei demotischen Zeilen auf den Brustbinden zu urtheilen, aus der XXXIII. Dyn. (Nero's zehntem Regierungsjahre, also 64 n. Chr.) herrührt. Der zum Sarkophag gehörige Deckel ist mit Nr. 8 bezeichnet. Nach Weghebung

---

*) Vergl. über diesen Namen meinen Aufsatz in der Zeitschrift für ägyptische Sprache und Alterthumskunde 1863.

der Mumie zeigte sich auf dem Boden des Sarges eine schöne bildliche Darstellung in grossen Dimensionen ausgeführt und die Unterwelt unter dem Bilde einer Göttin darstellend.

Aehnlich bemalt ist Nr. 9, wozu der Deckel (10) gehört. Der Styl der Arbeit, sowie die Varianten, selbst im Namen des Inhabers: Anchef-en-Chonsu deuten auf die XX. Dynastie als Entstehungszeit und auf Theben als Herkunftsort.

11. Der Sarkophag nebst Mumie der Amonspriesterin (-Sängerin?) Hertubecht, eine Hauptzierde der Sammlung, aus Theben und der XVIII. Dyn. (1500 v. Chr.) datirend. Weist schon der doppelte Deckel (12) und die Ausführung der Hieroglyphen auf die bevorzugte Stellung der Verstorbenen hin, so ist auch die gute Erhaltung der Mumie, von der die Zehen eines Fusses zum Theile sichtbar sind, hoch anzuschlagen, abgesehen von der eigenthümlichen und nicht absichtslosen Wölbung des inneren Deckels.

Wohin der Sarkophagdeckel Nr. 13 gehöre, kann wegen Mangels einer Inschrift nicht bestimmt werden; jedenfalls deutet seine reiche Verzierung mit der Raumgöttin Nut, die ihre Flügel zum Schutze ausbreitet, sowie dem Symbol der Metamorphose — dem Scarabaeus (Käfer) — darauf hin, dass er als innerer Deckel eines vornehmen Sarges bestimmt war.

Den würdigen Schluss bildet

14. die unter Glas (wie die übrigen) liegende Mumie des Senchons aus Theben und aus der XX. Dyn. (1200 v. Chr.). Die Goldmaske und die auf Byssus, der mit einer Masse überzogen ist,

stylvoll angebrachten Gemälde verleihen diesem Stücke einen hohen Werth. Unter andern Bildern fesselt uns dasjenige, wo die in Gestalt eines Vogels mit Menschenhaupt herabfliegende Seele sich mit dem auf der Bahre liegenden einbalsamirten Körper (wieder-) vereinigt — ein Glaube, der das ägyptische Mumifizirungssystem veranlasste und der Archäologie so wichtige Dienste leistet.

Grab-Stelen.

Haben uns Sarkophage und Mumien den Beweis geliefert, dass die Leichen der Verstorbenen Aegyptens nicht dem Processe der Verwesung übergeben wurden, so liefert das ägyptische Grab — ein Wort, mit dem wir den Begriff der Zerstörung zu verbinden pflegen — durch die „in Stein gehauenen Worte", denen ein hermetisches Buch mit Recht den Fortbestand prophezeit, für die Erforschung und Kenntniss der Religion, Sprache, Sitten etc. ein unerschöpfliches Material, auf dessen Basis sich die Wissenschaft der Aegyptologie erbaut. Betrachten wir die auch für die Geschichte (durch ihre dynastischen Namen) bedentsamen Grabstelen der chronologischen Reihenfolge nach etwas näher, indem wir uns zum Voraus erinnern, dass die ältesten unserer Sammlung der XII. Dynastie eignen, wo ein neuer Kunststyl oder Canon mit schlankeren Proportionen anftritt, während die noch ältern, aber äusserst seltenen Figuren der ersten Dynastien etwas Untersetztes aufweisen. Im Allgemeinen ist die Einrichtung so getroffen, dass der Verstorbene vor Osiris, Isis und Horus, der heiligen Triade, oder vor Osiris und einer der beiden andern Gottheiten in Anbetung erscheint. Hatte der Betreffende eine Frau, „Hausherrin" genannt, so ist sie ihm beigesellt und theilt mit ihm die Huldigung der Kinder und Enkel, was gewöhnlich in der zweiten Abtheilung vorgestellt wird. Oft empfangen der älteste Sohn und die älteste Tochter, in Folge der Geschwisterehe ein Paar, in einer dritten Abtheilung ebenfalls sitzend von ihren Nachkommen das übliche Todtenopfer.

Von der Ecke ausgehend, sieht man zuerst an der Wand

15. **Stele aus rothem Sandstein.** Die Figur des Verstorbenen A m e n e m h a t, Säckelmeister und Aufseher der Kanäle, ist nach dem II. Canon gearbeitet, die Fleischfarbe grellroth, die Kalasiris (Schürze) weiss. Er empfängt von seiner Tochter H a t h o r s i t ein Opfer. Derselben Zeit, der XII. Dynastie (2400 v. Chr.) gehört die rechtwinklige Stele aus Kalkstein an, worauf in grüner Schrift die Namen und Titel eines Nomarchen: U s e c h u, Sohnes der Senet, sowie seiner Brüder Necht und Seschmu-m-hoteaf, seiner Schwestern Hotept und Amchutidhu.

Gleichfalls thebanisch, aus der XIII. Dynastie, heissen die Herrscher mit dem Hauptnamen Sebak hotep. Wie oben Amenemhat, so ist auch dieser dynastische Name mit Vorliebe von den Zeitgenossen getragen worden, und so erscheint auf dem einfachen Grabsteine Nr. 17 ein Sebakhotep, Sohn der Hathorsit. Letzterer Name spielt aber auch in der auf die Sebakhoteps folgenden Nebenlinie der Könige des Hauptnamens **Neferhotep** eine Rolle.

Das Denkmal Nr. 18 mit eigenthümlichem Kunstcharakter, indem ein Priester: **Petneferhotep**, mit langem Gewande einen jungen Prinzen umfängt, der mit dem **Pschent** gekrönt ist. Dass es sich hier um eine Anspielung auf eine emporkommende Dynastie handelt, beweist die Ausmeisselung des oberen Theiles der Darstellung durch ein rivalisirendes Haus. Der Prinz scheint dem Schutze der ägyptischen Venus: **Hathor**, mit dem Beinamen **Neferhotep**, empfohlen zu werden. Vermuthlich aus der Heptanomis.

Die unruhigen Zeiten der 14. und 15. Dynastie, wo die fremdländischen Hykschos (Hirtenkönige) verheerend und zerstörend in Aegypten einbrachen, um es mehrere Jahrhunderte hindurch sich zinspflichtig zu machen, sind, wie überhaupt, so auch in unserer Sammlung durch den Mangel an Denkmälern charakterisirt. Darum ist zwischen Nr. 18 und Nr. 19 eine historische Lücke, letzteres jedoch älter als der Sonnendiscusfanatiker **Chuenaten**, welcher, früher **Amenhotep** (IV) geheissen, später den Namen **Amon** auf allen öffentlichen Denkmälern, ja sogar bis in die Privatgräber hinein verfolgen, d. h. ausmeisseln liess. Desshalb ist Nr. 19, der Grabstein des Oberen der Miethstruppen des Pharao: **Usi** des gerechtfertigten und wiederauflebenden und seiner Gattin, der Amonspriesterin: **Apui**, der XVI. oder XVII. Dynastie*) zuzuschreiben, wäh-

---

*) Ich bemerke hier, dass ich die XVIII. Dyn. der Auszügler in drei Stücke zerlege. Vgl. meinen „Manetho" am Ende.

rend Nr. 20 die Stele des Phai, wegen der darauf vorkommenden Namen an's Ende der XVIII. Dyn. (Exodus der Ebräer) gehört, also später fällt als die Regierung des Chuenaten. Aus derselben Zeit stammt (21) die Stele des Ptahmai, mit Spuren hieratischer Legenden (aus der Litanei an Osiris) vom Schriftcharakter der XVIII—XIX. Dynastie (1400 v. Chr.).

Weiter zurück, möglicherweise bis in die XII. Dynastie führt wieder die Stele (22) mit dem Namen des Wedelträgers Amonhrat-f mit seiner Schwester und Frau Rannuti; denn der Bestandtheil Amon ist ausgemeisselt. Das Deutbild des Wedels ist sehr gelungen. Einen schlechten Handwerksstyl sieht man auf Nr. 23, wo 6 grosse und und 7 kleine Personen dem Gotte „Osiris, Herrn der Ewigkeit", ihre Verehrung bezeigen. Die kleine Stele (24) am Ende der ersten Wand, einem „Schreiber" Jusneb bestimmt, hat dieselbe Form wie Nr. 15 (am Anfange) und dürfte insofern einer frühen Zeit (XII—XIII. Dynastie) angehören, da sie mehrmal den Bestandtheil sneb bietet.

Die unter Nr. 25 und 26 zu beiden Seiten des Sargdeckels (4a) symmetrisch angebrachten Byssusstücke enthalten Darstellungen und Texte, die sich auf die Todten Tahib und Petharpuchrat beziehen. In der Längencolumne des ersteren Stückes ist der Name vergessen d. h. nicht nachträglich in das auf Vorrath zum Voraus gearbeitete Exemplar eingefügt worden, wogegen Nr. 26 musterhafte Hieroglyphen des schönsten Styles aufweist.

Mit einer juristischen Stele (27) aus Kalkstein beginnt die dritte Wand. Der Triade Stah,

Merisegart (Ma·t Gerechtigkeit) und Hathor in Theben bezeigt seine Verehrung „der Stabträger am Sitze der Gerechtigkeit" Qaha, der Sohn des Qenihmin durch seinen Bruder Rames. Der Styl deutet auf die XXII—XXVI. Dyn. (900—600 v. Chr.).

Nr. 28 mit blauer Schrift; in drei Abtheilungen huldigt dem Osiris ein gewisser Amenhotep (Amenophis) mit seiner Schwester und Hausherrin d. h. Gemahlin Nofretari; ferner Nechtsebak mit seiner Schwester und Hausherrin Hatasi; endlich Hui „der Schreiber des Pharao" mit mehreren Brüdern und Schwestern. Epoche: XVII. Dyn., der Ausmeisselung des Amon nach zu schliessen. Ganz ähnlich ist die folgende Stele Nr. 29. Oben Zai mit der Haruerpetuusu; in der Mitte Thothari mit der Sit-zam·t; unten drei Töchter: Sithapi, Arinefert und Nes... (zerstört) als dritte Generation.

Nr. 30. Stele eines Beamten Harpuchrat (Harpokrates) und seiner Frau Chumi durch ihren Sohn Irituru, ist sehr werthvoll wegen der Zurückführung bis auf das neunte Geschlecht, sowie des Textes, der unter andern die vier ersten Werke der Barmherzigkeit in der gewöhnlichen Reihenfolge erwähnt. Die Söhne und Töchter unterscheidet man leicht an der Kleidung. Auch die Stele (31) des Priesters Roï (Levi?) und seiner Frau Totoui mit 17 Abkömmlingen entbehrt nicht des Interesses, wenn sie auch etwas jünger ist als Nr. 32, die einen „Wedelträger Kaschischa (ausländisch), seine Frau Maaui nebst 19 Familienmitgliedern darstellt. Auch hier ist in dem Gebete Amon ausgemeisselt.

Weiterhin (33) opfert „der Leiter der Vorlesungen im Hause des Pharao: Anna mit seiner Frau Auï" der Triade Osiris-Isis-Horus. Die blaue Schrift enthält einen Text in sehr poetischem Style.

Die hölzerne Stele unter Glas (34) ward dem Pet-har-phrê, dem Sohne der Nesa (der Vater ist nicht genannt), errichtet; der Text ist ein Hymnus auf den Sonnengott nach Analogie vom Cap. XV des Todtenbuches. Aehnlich bieten die hölzernen Stelen (35—37) Anbetungen des Sonnengottes, und zwar durch Tamau „die Katze", wo sich hotep „Friede!" siebenmal wiederholt; dem Style nach gehört Nr. 35 in die XXI—XXIII. Dyn. (1000—700 v. Chr.); ferner (36) durch Petarphrê, den Sohn des Phrienro, und der Hausherrin Nausonu, „der viermal seeligen"; endlich durch Mutharitis, Tochter des Petosiris, mit dem Beinamen Pa-hapi (Nilôus) und ihrer Mutter, der Hausherrin Tahemoti. Letztere gehört in die XXV—XXVI. Dynastie.

Dagegen wendet sich (38) an Osiris und Horus (ohne Isis) der Aufseher des Ellenmaasses Hersaifempairoti. Unter den übrigen Namen: Kahu (m.), Kahut (fem.), Uernuro (weibl. Name) mit ihrem Söhnchen verdient besonders Pharaoanchuzasneberheh Erwähnung, weil er wegen seiner Bedeutung an den Psotomphaneach (Joseph) erinnert. Die Götter Osiris, Ap-hiru und Anubis bittet (39) um das übliche Todtenopfer der erste Künstler des Königs: Penra (XVIII. Dyn.?);

dagegen verehrt (40) den Harmachis der Nespamau, Sohn des Petubast und der Tehirhens, die noch einen Kleinen: Petamon, bei sich hat. Diese Stele aus Kalkstein gehört in die XXIII. Dyn. In die XXVI. Dynastie versetzt uns wieder die kleine Stele (41) mit erhaben gearbeiteten Bildern aus Kalkstein: es ist die Andacht der Hausherrin Zaza mit ihrem Sohne Amonmer.*) — Ein Gebet an Ra-Harmachi richtet (42) um das übliche Todtenopfer Irituru, Sohn der Taamon.**) — Auf der Miniaturstele Nr. 43 verehrt Nesamun der Gerechtfertigte den Gott Ptah. Der Name Chamoas auf der Rückseite weist auf die XVIII. Dynastie.

Unter 44 a b c d sind die vier Canopen aufgestellt, welche zur Aufbewahrung der Eingeweide und auch zur Orientirung der Särge dienten; daher ich sie in die vier Ecken verwiesen habe. Die mit dem Schakalkopfe (44 a) gehörte zur Hontentoti (Sarkophag 3 u. 4); ebenso die mit dem Sperberkopfe (44 b). Dagegen die mit Menschenhaupt (44 c) und die Hundskopfaffenköpfige (44 d) dem Osirianer Hui. — Die beiden Büsten (45, 46) gehörten vermuthlich zu Königsbildern; letztere hat noch den Uraeus an der Stirne; der Kopf erinnert, wenn auch nur in Folge der Verstümmelung der Nase, an das analog ruinirte Haupt des grossen Andro-sphinx bei den Pyramiden. —

---

*) Vergl. den König Ammeris an der Spitze dieser XXVI. Dynastie.
**) Eine Sklavin dieses Namens erscheint auf einer Keilinschrift (Oppert Revue archéol. 1868) vom sechsten Jahre des Cambyses.

Die zum Theile unächten Stücke von 47—54 gehören der gnostischen Zeit an, d. h. jener nachchristlichen Vermengung des Aegyptischen mit dem Neuplatonismus. Zu Nr. 47 liefert die Glyptothek ein grosses Seitenstück. Einzelne derselben, wie z. B. Nr. 51, sind Nachahmungen der osirianischen Mumienbilder, wie sie nach Herodot bei dem Mahle der Vornehmen herumgetragen wurden, um die Schmausenden und Zechenden durch den Anblick zum Lebensgenuss einzuladen. Ihr ägyptischer Name ist Uschabti, Figuren, wie sie unsere Schränke und Pulte in grosser Menge darbieten.

1. Glasschrank,
zunächst dem Seiteneingange.

Die hierin enthaltenen Stücke aus Bronze, Stein (Alabaster), Byssus und Papyrus waren grösstentheils ein Zubehör der Gräber, in die man nicht nur die Mumien, sondern auch Figurinen mit Haue und Getreidesack zum Bearbeiten der elysäischen Felder, als Gehülfen des Todten mitzugeben pflegte. Einzelne der Geräthschaften, die im Leben benutzt worden waren, folgten ebenfalls ins Grab mit, und sogar an einem schriftlichen Ausweise, gleichsam einem Passe für die göttliche Unterwelt, durfte es den sorgfältiger Bestatteten nicht fehlen. Einzelne Stücke sind mit Ringen versehen und also zum Anhängen bestimmt gewesen. Mit Ausnahme von Nr. 6 und 21, 25, 33 (gnostischen Ursprunges) sind alle Nummern, zunächst der oberen Abtheilung, ächt ägyptisch, wenn auch zum kleineren Theile Nachbildungen. Die Idee des Osiris als des Todtenrichters in der Unterwelt bringt es mit sich, dass dieser Gott am häufigsten erscheint und die Geissel (zum Antreiben) mit dem Scepter (zum Hemmen) in den Händen hält; neben ihm Isis mit Scheibe und Kuhhörnern, meist den jungen Horus (Harpu-chrat Ἁρποκράτης) säugend oder wartend, der durch die Jugendlocke und den zum Munde geführten Finger als Saugender (nicht als Gott des Stillschweigens!) charakterisirt wird. Auch Anubis (15) ist vertreten, sowie der Toilettengott **Besa** (26). Von Thierformen dürften die **Katze** (1), der **Apis-Stier** (19), ein Paar sitzender **Kynokephalen** (24), als Symbole der Gottheiten: **Bast, Osiris, Thoth** erwähnenswerth sein. Ein einziges Stück (20) zeigt auf dem Rücken einen Namen **Ptahres**.

In der mittleren Abtheilung eignet der Hängkessel (1) einem gewissen Dje-ho *(Τεώς Ταχώς)*, welchen Namen der zweite König der XXX. Dyn. (360—358 v. Chr.) getragen. Die Papyrusbruchstücke*), von mir 1862 zusammengestellt, um sie vor gänzlicher Zerstörung zu bewahren — Nr. 32 war leider schon vorher willkürlich behandelt worden — stellen verschiedene Epochen der Schriftentwickelung dar, von der litteratesten Zeit der XVIII. Dynastie (1500 v. Chr.) bis zur XXII. Dyn. (1000 v. Chr.), und sind meist religiösen (4), mythologischen, (7. 9. 14) epistolarischen historischen Inhaltes (10). Die Rechnung auf Nr. 11 weist auf späteren Ursprung. Das Byssusstück (16) mit

---

*) Die Papyrusfragmente ohne Rückentext sind unter Glas in einem Rahmen an der Wand über den Stelen angebracht.

einer altägyptischen Marke ist ein Geschenk des Herrn v. Mühlberger aus Hamburg.

Die sieben Krüge der unteren Abtheilung zeigen ägyptisirendes oder gnostisches Gepräge.

2. Glasschrank.

In der oberen Abtheilung bilden die Uschabti-Figurinen weitaus die überwiegende Mehrzahl. Verschieden an Farbe und Eigennamen, gleichen sie sich alle in der Mumiengestalt, die der typischen des Osiris nachgebildet ist. Von sonstigen Stücken verdienen Erwähnung Nr. 2 die Nilpferdgöttin **Apet**, zwerghafte **Ptahs**, sogenannte **Patäken** (4, 6); auf dem Rückenpfeiler des letzteren, der auf Krokodile tritt, steht eine beflügelte Isis mit Scheibe auf dem Haupte, vermuthlich eine Darstellung der **Ap-apt** = Epiphi, elfter Monat. Eine Isis mit Hörnern und Scheibe, den Horus säugend, stellt Nr. 20 dar. Das VI. Capitel des Todtenbuches, auf die **Ushabti** bezüglich, bieten Nr. 44 und 53.

Die mittlere Abtheilung enthält ausser drei Figurinen (2, 6, 15), von denen die eine (6) gnostischen Ursprungs, durchgehends Darstellungen aus der hl. Triade: Osiris-Isis-Horus. Die beiden **Apis** mit (Mond-?) Scheibe zwischen den Hörnern (1, 8), die sitzende Katze der **Bast** (9), sowie ein widderköpfiger **Chnum** (Kataraktengott 11, 17) reihen sich an, wenn auch letzterer nur ägyptisirend. Ein länglicher Hängkessel (18), der Henkel eines krugartigen Gefässes mit Hundekopf (19), Bruchstücke eines bauchigen Behälters (23—27) bilden

den Schluss. — Von den Alabastergefässen, die meist zur Toilette ägyptischer Damen gehörten, verdient besonders Nr. 2 Beachtung, weil der Name der einstmaligen Besitzerin: „königliche Tochter (Prinzessin) Nubemtechu" darauf steht, und sich von dieser möglicherweise der XII. Dynastie angehörenden Person auch in Paris und Leyden solche Toilettengegenstände vorfinden. — Das Ellipsoïd (23) erinnert an die Wetzsteine unserer Zeit.

Aus der unteren Abtheilung sind zu bemerken: eine gnostische Figur mit dem Vogelbilde der Seele auf der Brust (Todt. capp. 26, 85, 89, 91, 92) mehrere Figurinen (2, 3, 5, 14) mit dem c. VI des Todtenbuches; eine Sitzgruppe von barockem (gnostischem?) Charakter (4); der widderköpfige Chnum-Ra auf einem Throne sitzend, dessen Seiten und Sockel groteske Hieroglyphen zieren sollen (6); ein sog. Achom (mumificirter Sperber), allgemeines Symbol der Göttlichkeit (7); schakalköpfige Deckel einer Canope (13, 15), wozu der Kynokephalos (17) ein Seitenstück bildet.

3. Glasschrank.

Dieser enthält meist Geflechte aus Bast oder Palmblättern, Sandalen (1—10), zwei solche von Leder (11, 12), eine Matte (13), Körbchen mit einem länglichten Honigbrode (14), und eines mit der modernen Bezeichnung „Nubia" am Boden.

Der kleine Sarkophag (16) barg einst die Mumie der Nefertari; oben sieht man die Himmelsgöttin Nut, rechts und links die Uzat-Augen mit der Bedeutung „Heil", ferner die vier Todtengenien mit Anubis. Er bildet das Hauptstück der mittleren Abtheilung und enthält auch vier Kokosnüsse mit lockeren Kernen (18), Körbe mit Honigkuchen, Datteln, Nüssen (17, 20, 21), sowie einen viereckigen Behälter oder Kahr mit Brod und einem gebratenen Vogel.

Der äussere Mumienkasten steht in der unteren Abtheilung (22). Das werthvollste Stück, nämlich eine blecherne Büchse (modern) mit einem antiken Papyrus (23) von 10 Fuss Länge auf 1¼ Fuss Höhe habe ich unlängst entdeckt und entrollt. Er war wegen seines starken Geruches, der durch die Byssusumhüllung drang, für einen Mumientheil gehalten worden. Derselbe gehörte zu einer Frau Namens Isis, die dem Culte der Neith in Saïs zugethan war (XXVI. Dynastie?) und enthält das sogenannte „Todtenbuch" oder die Seelenwanderung (Metempsychosis). Ebenso verhält es sich mit den zwei kleineren Papyrus (24), von denen der eine, zu einem gewissen Horus gehörig und von der Seelenwägung (Psychostasie) handelnd, noch versiegelt war; der andere ist so arg zerstört, dass sein Inhaber bis jetzt nicht ermittelt werden konnte.*) — Die Figurine in Sargform (26) führt die Inschrift: der zweite Prophet des Amon: Djainafli „Träger der Laute" (Sternbildname).

4. Glasschrank.

Die hierin befindlichen Stücke geben sich den Beschauern sofort meist als Theile von Mumien

---

) Der grössere Papyrus ist jetzt unter Glas und Rahmen an der Wand angebracht; eben so die beiden kleinen mit den oben p. 101 besprochenen Bruchstücken.

zu erkennen, deren nähere Beschreibung im Allgemeinen überflüssig zu erachten ist. Auffallend ist das röthliche Haar einiger Köpfe (5, 47, 51.), während die Aegypter im Leben gewöhnlich mit schwarzen Haaren dargestellt sind — vielleicht eine Folge des Mumificirungsprozesses? — Die Mumienhand (17 in der mittleren Abtheilung) hat noch am kleinen Finger einen Ring, der das Siegel des Königs Amenophis III. (Memnon) zu tragen scheint. — Von den Ohren, an denen noch Fleischtheile und Haare kleben (20, 21), ist besonders das letztere mit den Ringe aus Silber nebst vier Steinen bemerkenswerth; die Schliessung erfolgte in einem Thierkopfe. — Der rechte Fuss (45) ist mit vergoldetem Byssus umwunden. Von den übrigen Körpertheilen beansprucht Nr. 22: eine mit Byssus ausgestopfte weibliche Brust; Nr. 48: Rücken mit Gesäss; Nr. 54: Hirnschale mit Bitumen ausgefüllt, beide letztere in der unteren Abtheilung, einige Aufmerksamkeit. Die zahlreichen Stücke von Bitumen, mit welchen die Mumien imprägnirt und ausgefüllt wurden (24—34, 41, 42, 52, 53, 55) sind zum Theile noch mit Byssus oder dessen Abdruck behaftet. — Von Byssus, der altägyptischen Leinwand, bieten Nr. 16 (in einer gnostischen Schüssel) und 56 (Schachtel, worin zugleich eine stark übergangene und riechende Hand), sowie einzelne Glieder mehr oder minder erhaltene Muster, die manchmal mit Zeichnungen, Farben und Schriftzügen bedeckt sind.

Die goldene Maske (19), vermuthlich zu einer Frauenmumie gehörig, ist durch die schwarze über der Vergoldung lagernde Farbe, sowie die deutliche

Uräusschlange in der Stirngegend, dem königlichen Abzeichen, auffallend; in der Schüssel (16) befindet sich eine gewöhnliche Goldmaske.

Unter den Thiermumien bemerke man: Katzen (10, 11); einen Vogel (12); drei kleine Krokodile (44); ein ähnliches Reptil (Eidechse? Schlange? 15). Was die Nummern 14, 23, 40, 43 betrifft, so konnte ihre Natur nicht ermittelt werden; die letztere zeigt an der Seite den Flügel eines Insektes. — Die Knochen (6, 9, 39, 52, 53) dürften besonders den Physiologen interessiren.

1. Pult.

Von den fünf Bronze-Figuren auf dem 1. Pulte verdient die Triade Osiris-Isis-Horus (5, 1, 4) Beachtung; Isis als Hathor mit der Sichel auf dem Haupte scheint zwar modern, aber die Rückeninschrift ist nach einem ächten antiken Muster gemacht.

Die Stempel (1, 2) innerhalb der ersten Abtheilung tragen die Namen und Titel zweier Priester: Sebakhotep und Basa.

Von den Lampen (3—10) ist die mit Hörnern, Scheibe und Ringeln verzierte (3) zu nennen. Unter den Flaschen (11—16) ist Nr. 16 durch die Byssuslage ausgezeichnet, auf welcher das Siegel Thutmosis' III. (1700 v. Chr.) abgedrückt ist. Die zahlreichen Figurinen bieten meist das nämliche (VI.) Capitel des Todtenbuches dar; aber zwei derselben (18, 20a) zeigen das Namensschild des Königs Amenophis III (Memnon, 1600 v. Chr.).

In der zweiten Abtheilung liegen mehrere Scherben (Ostraka); Nr. 22 enthält auf einer Seite den Brief eines Vaters Pepi an seinen Sohn Chroti in Bezug auf fleissiges Studium an der Hochschule von Chennu (Silsilis); die Rückseite bezieht sich auf die Arbeiten an einem Baue. Das zweite Ostrakon (22 a) enthält eine Rechnung (Auszahlung von Arbeitern); die dritten (21) sind in koptischer Schrift abgefasst. — Die beiden Bruchstücke aus Granit (32, 33) gehören in die XXVI. Dynastie und zwar unter Amasis II. (571—527 v. Chr.). — Die zwei Sperber (36, 40), sowie die Gans oder Ente (37), ferner die roth ausgeführte Zeichnung einer heiligen Barke (23), endlich ein Osiriskopf und eine den jungen Horus säugende Isis sind namhaft zu machen.

Die drei Stücke (70) eines Geräthes (Bogen oder Bumerang?) aus Eisenholz mit Fischkopf gehörten einem gewissen hohen Beamten Mahu. — Das Täfelchen (60) machte ein Künstler Namens Amonneb. Die Holztafel (59) gibt die Anbetung des Osiris durch Racheper, der ein „Vice-Director" war.

Die dritte Abtheilung birgt durchgehends Stücke aus Holz. Die Figurine Nr. 6 trägt die beiden Schilder von Sethosis I. (1500 v. Chr.).

Eine andere Figurine (3) enthält den Namen Djainafli „Lautenträger". Zwei andere (5, 12) zeigen eine Lücke, wo man den Namen erwartet. — (66) Ein Stück „Papyrus, préparé pour (être) étendu" ist wegen seiner Dicke und Pflanzenhaftigkeit bemerkenswerth; es umschliesst jetzt einen gehöhlten Calamus grosser Dimension; ein kleinerer (67) zeigt ägyptisirende Zeichen.

Von den muldenartigen Gefässen zeigen vier (54, 55, 57, 58) die Form eines Königsrahmens; eines (56) mit Stier und Löwe deutet auf Astronomie. Man bemerke auch noch die gefärbte Figur des Genius Hapi (1), sowie den Tänzer (8).

Die vierte Abtheilung enthält meist Figurinen, deren Text verschwunden ist. Drei Osiris mit Vergoldung (1446); ein Ba-Vogel, das Symbol der Seele, von auffallend leichter Holzart (48); ein Uräus mit Scheibe und Strahlenansatz (48); endlich eine Figurinenform aus zwei Theilen (53) sind hier am bemerkenswerthesten. Ein Brett (14), in menschlicher Gestalt, mit einem Gesicht aus Fäden und Asphalt, mit Haaren aus Schnüren, zeigt am Halse ein Amulet, eine Schärpe um Brust und Nacken und unten das Nilpferd.

2. Pult.

Die fünfte Abtheilung besteht aus Halsschnüren, bei denen das sogenannte mysteriöse Auge (uzat „Heil") die Hauptrolle spielt; eine darunter (2) schliesst mit einem Patäken, eine andere (15) mit dem Lebenszeichen (anch), das die Kopten als Kreuzform haben. In der sechsten Abtheilung ist ein Griffel aus der XII. Dynastie, 2500 v. Chr. (55), wohl das älteste Stück. In derselben Abtheilung dominiren die Scarabäen (Käfer), die Symbole der Metamorphose, oft mit Text aus capp. 30 u. 64 des Todtenbuches. Von den Königen erscheint meist Thutmosis III. (1700 v. Chr.) darauf; ferner (Memnon) Amenophis III. (1600 v. Chr.); mit letzterem Namen sind auch mehrere Siegelringe versehen. — Verschiedene Talismane: Uzat, Tatsäulen, das Sinnbild der Beständigkeit und Fortdauer; Amulete zum Anhängen in Säulenform, meist durchbohrt, darunter eines (87) mit dem Namen des Amasis II. (571—527 v. Chr.), Scarabäen ohne Inschriften oder mit Götternamen, füllen die kleinen Schachteln. Daneben liegt einerseits ein Stück Nummulitenkalk (14) von der grossen Pyramide, andererseits (95) eine Nachbildung des Obelisken von Heliopolis. — Auch ein altes Brettspiel (30) ist zu sehen in der 6. Abtheilung.

In der achten und letzten Abtheilung sind viele Figurinen, und zwar gehören die der oberen Reihe alle einer Person an bis auf die letzte (36), welche die Namensschilder von Nechtharheb (Nectanebes 478—460 v. Chr.) aufweist. Höher hinauf führt Nr. 55 aus Alabaster mit dem Namen Ramses II. (Sesostris), und Nr. 64 mit dem seines Vaters Sethosis I. — In den Schachteln befinden sich Triaden (29) und einzelne Gottheiten nebst ihren Symbolen und Emblemen, besonders häufig die Nilpferdsgöttin Apet, sowie die Patäken. Beachtung verdient auch der eingebrannte Kopf (96) aus Smalt, eine Art enkaustischer Malerei. — Ein Ring (32) aus Silber bildet offenbar das Seitenstück zu dem oben beschriebenen, der sich an einem Mumienohre befindet.

Die fünf Bronzestücke auf diesem Pulte stellen dar: eine Katze (3), Symbol der Göttin Bast; Osiris-Isis-Horus (1, 2, 4, 5) die heilige in ganz Aegypten hochverehrte Triade.